CH'AN TAO
ESSÊNCIA DA MEDITAÇÃO

Jou Eel Jia
Norvan Martino Leite
Lilian Fumie Takeda

CH'AN TAO
ESSÊNCIA DA MEDITAÇÃO

5ª Edição

plexus
editora

Dados Internacionais de Catalogação na Publicação (CIP)
(Câmara Brasileira do Livro, SP, Brasil)

Jou Eel Jia
  Ch'an Tao essência da meditação / Jou Eel Jia,
Norvan Martino Leite, Lilian Fumie Takeda. — São
Paulo : Plexus Editora, 1998.

  ISBN 85-85689-38-2

  1. Acupuntura 2. Meditação – Budismo 3. Zen –
Budismo I. Leite, Norvan Martino. II. Takeda, Lilian
Fumie. III. Título. IV. Título: Essência da Meditação.

98–0508   CDD–294.34

Índices para catálogo sistemático:

1. Meditação : Budismo   294.34

Edição
Rita Ruschel

Revisão
João Guimarães

Diagramação e capa
Carla Castilho

Caligrafia chinesa arte Ch'an
Chen Chi Ming

©1998 Jou Eel Jia
5ª Edição
Todos os direitos reservados.
Proibida a reprodução, no todo ou em partes,
por qualquer meio sem autorização do Editor

Direitos exclusivos desta edição reservados
pela Plexus Editora Ltda.

Av. Manoel dos Reis Araujo, 1154
CEP: 04664-000 – São Paulo – SP
Tel.: (011) 524-5301
E-mail: plexus@mandic.com.br

Silêncio da mente, brisa de outono, folhas amarelas...

Quando o Mestre contempla o orvalho matinal, onde reflete o brilho de um raio de sol do outono misturado à fragrância dos lírios amarelos, à beira da sebe silvestre de uma estradinha de terra...

Onde está o Ch'an? Está no Mestre? Está no orvalho? No sol morno de outono? Nos lírios? Ou na estradinha de terra?

Talvez não esteja em parte alguma; talvez esteja no Self do Mestre, e se assim for, não digam nada...

Queremos agradecer muito o carinho e apoio que recebemos de todos os amigos e pacientes...

O Mi To Fo

autores, junho de 1998.

UM PEQUENO PREÂMBULO

Perguntaram-nos, como é que uma técnica oriental milenar, como a Meditação Ch'an, pode se adequar a um país tropical cheio de samba, futebol, carnaval, candomblé?

"Achamos que é lindo.

Quando você está jogando futebol com toda a sua concentração e ginga, você tem Ch'an.

Se você toca pandeiro e violão achando que não existe mais nada no mundo, além do samba, isso é Ch'an.

Quando você samba na avenida procurando o ritmo e a alegria de viver, isso é Ch'an.

Quando você está na umbanda acendendo sua vela, fazendo seu ritual, você tem Ch'an.

Quando você está rezando para Jesus Cristo, quando está orando, tem Ch'an.

Quando está prostrado para Maomé, você tem Ch'an.

O problema é como fazer esta entrega.

Se a entrega é para os outros, você jamais irá encontrar a você mesmo.

Mas se a entrega é para si próprio, com certeza, mais dia menos dia, vai se encontrar.

Isso é Ch'an."

SUMÁRIO

APRESENTAÇÃO 11
Mestre e discípulo, questão de pedra

CONVERSA FRANCA COM OS AUTORES 15
Num pagode chinês, entre a cestinha de doces e um gole de chá

INTRODUÇÃO 27
Uma nova forma de vida

OBJETO REFERÊNCIA E *SELF* REFERÊNCIA 31
Esvazie a água da xícara! Vamos tomar um chá?

A MEDITAÇÃO E A ADMINISTRAÇÃO 38
Aprendendo a equilibrar as coisas da vida

A BORBOLETA E O DRAGÃO...43
A bela e a fera que caminham juntas

O QUE É O DESTINO?...49
Tudo o que vai, volta

ASSIM FALOU BUDA...52
Adquirindo uma visão correta

VIVENDO EM SOCIEDADE..55
Alguns mandamentos

O DESTINO E SEUS MISTÉRIOS 58
Quem semeia vento, colhe tempestade

PRESENTE, PASSADO E FUTURO 61
A cegonha, a lua e o pinheiro

RESIGNAÇÃO OU NÃO RESIGNAÇÃO 63
Máscara do prazer, do sofrimento

MELHORAR O FUTURO 64
A fênix que nasce das cinzas

ARTE E CIÊNCIA 66
Quando estiver no mato espesso, não confunda corda com cobra

A MEDICINA DA NEW AGE..69
O ser humano visto como um todo

HISTÓRIA..73
Do Oriente para o Ocidente

CAUSA E EFEITO NO CH'AN 79
Tudo que sobe, desce

AS CORES DO ARCO-ÍRIS 87
Ilusão e realidade

CH'AN E A MENTE 89

CH'AN E A ARTE DO CONTROLE
E APERFEIÇOAMENTO DA MENTE (SHIOUHSING) 93
Três reflexões por dia

CH'AN E FANNAO 95
Ser ou ter, eis a questão

A SENHORA CHORONA 98
Tudo depende da ótica

O PONTO DE VISTA DA VACUIDADE..................................104
A diferença consiste entre uma flechada e outra

A ESTRADA LAMACENTA E A MOÇA BONITA......................106
Belas mulheres que iluminam (ou atormentam) a vida dos homens

O PREÇO DO DESEJO...110
Proposta indecente de um dólar

CONTROVÉRSIAS DA MEDITAÇÃO 113
Tirando a limpo

AS NEGOCIAÇÕES DO EGO NA MEDITAÇÃO.....................119
Quanto é que eu levo nisso?

COZINHANDO ARROZ 122
A simplicidade é uma arte

A RELAÇÃO ENTRE CORPO, MENTE E MEDITAÇÃO 125
Será que existe esperança para amanhã?

ESTÁGIOS DO CH'AN..131
A mente quieta, a espinha ereta e o coração tranqüilo

NÃO TENHA PRESSA 146

SEGREDO DE UMA COLHEITA RÁPIDA! 147

TZUO CH'AN – INICIAÇÃO PARA PRATICAR
TODAS AS ETAPAS DE CH'AN..148

ATITUDE DO MEDITANTE NO DIA-A-DIA DA MEDITAÇÃO........149
O ontem já passou e o amanhã não chegou

COMO MEDITAR 161
De mente para mente

EXPERIÊNCIA DE UM APRENDIZ DE FEITICEIRO 172
Algumas palavras de um psiquiatra

DÚVIDAS SOBRE A TÉCNICA DE TZUO CH'AN 177

TEMPLOS NO BRASIL E NO MUNDO 191

APRESENTAÇÃO
Mestre e discípulo, questão de pedra

Esta é a história do grande escultor chinês LingLian e a sua prática de Ch'an.

Quando ele era jovem, fazia esculturas espetaculares, mas nunca recebeu prêmios e jamais teve sucesso.

Após anos de ressentimento, resolveu estudar com um Mestre Ch'an para entender o que estava acontecendo.

Sabendo da história do jovem, o Mestre, simplesmente, colocou uma pedra preciosa na mão do escultor e pediu que ele a segurasse com toda força, sem olhar para suas mãos.

Assim procedendo, começou a conversar com o jovem sobre diversos assuntos, de arte a astrologia.

O jovem escultor tornou-se impaciente, pois com o passar dos dias, nada aprendia com o Mestre, a não ser segurar diversas pedras preciosas, durante suas conversas.

Ao final de três meses o jovem resolveu abandonar os estudos, ao perceber que as pedras que o Mestre lhe dava para segurar eram pedras comuns, sem nenhum valor.

Disse então:

"Mestre, isto não é uma pedra preciosa!"

O Mestre respondeu:

"Finalmente você aprendeu a primeira lição, isto é, olhar com as próprias mãos. É assim que deve proceder quando estiver entalhando sua escultura, é isso que vai dar vida ao seu trabalho, é o que estava lhe faltando. Volte daqui a três anos, meu jovem artista, você já está preparado para a vida."

Três anos mais tarde, LingLin voltou com um presente para o Mestre, a escultura de KuanYin, a mais premiada de todos os tempos.

Diz a lenda que o olhar de KuanYin acompanha o visitante, na posição que ele estiver.

A filosofia de vida dos chineses que praticam Ch'an é o treinamento da humildade, serenidade, quietude e naturalidade.

No Japão, o Ch'an chinês tem o nome de Zen e os dois descendem do Dhyana, que nasceu na Índia.

Três nomes para a mesma filosofia que da Índia foi para a China e se popularizou no Japão.

A filosofia, esse modo de vida autêntico, é a luz que ilumina o Tao, o caminho que conduz o ser humano a sua realização suprema.

A escola de Ch'an Tao foi fundada com a idéia básica de auxiliar o desenvolvimento da força interior e a resistência mental nas pessoas.

Tao em chinês é representado por dois ideogramas: cabeça e caminho.

Alguns autores traduzem o Tao por sentido, caminho, providência ou ainda como "o segredo mais sutil do Tao é a essência e a vida".

Seu método de treinamento é associado a diversas técnicas, com intuito de penetrar no mundo perspicaz do espírito Ch'an.

Essa técnica que está no Tao é encontrada em outras artes como no Ch'an Tao, JenTao, ChaTao, Hua Tao, Ch'i Tao, ShenTao e TsuoTao, arte da Meditação, arte da acupuntura, do Chá (chás medicinais), das flores, da energia, arte do disparo e dos mantras, respectivamente. Artes que trazem à tona a manifestação da nossa consciência interior mediante o controle gradativo do nosso corpo e mente.

A disciplina e o sacrifício são fundamentais para o desenvolvimento dessas artes, mas as pessoas materialistas consideram tais práticas apenas como ações habilidosas cheias de técnicas.

Por isso, muitas vezes, as artes do Tao são interpretadas como habilidades estéticas ou técnicas, às vezes até místicas e religiosas, pois para compreendê-las é necessário tenacidade, perspicácia e a acuidade do Ch'an.

Não devemos sobretudo praticar as artes Ch'an com a intenção de obter superioridade sobre os outros, mas sim mergulhar profundamente na espiritualidade, através do desenvolvimento do equilíbrio, autodomínio, harmonia, percepção.

No Ch'an Tao desenvolvemos a confiança e o desprendimento, sobretudo a quietude e a auto observação, aprendemos a enfrentar os obstáculos e decepções que vêm do nosso próprio engano (por erro de decisão e análise, agindo por impulso e ansiedade, por exemplo).

A capacidade de penetrar num estado meditativo é a manifestação do grau de concentração, da serenidade mental do Meditante e a prova de uma disciplina bem-sucedida e bem executada, com Ch'an.

Cada vida é um encadeamento de acontecimentos psíquicos, que não se controlam racionalmente.

Quando utilizamos a força racional controlamos, parcialmente, esses acontecimentos.

Por isso é tão difícil estabelecer um conceito definitivo sobre nós mesmos ou sobre como encarar a nossa vida.

Isto é, para que a vida flua com naturalidade, é necessário um sincronismo perfeito entre potencial, identidade, circunstância e meio social do ser humano.

Mas o estado meditativo é uma saída para a compreensão de que a verdadeira vida não se resume em comer, beber, procriar, dormir, viajar, ganhar dinheiro, ter propriedades.

O estado meditativo é o caminho que leva à descoberta de um ego sem ego, de um artista sem arte, de um dançarino sem dança, de um ator sem teatro, de um pintor sem pincel, pois o artista consegue se fundir completamente com a sua arte.

O dançarino se misturou na dança da vida, o ator transformou a vida num grande palco, o pintor jogou cores na sua vida, todos se fundiram na mesma dimensão, superando todas as expectativas e o dualismo da Mente racional que tanta angústia provoca.

O ato de viver torna-se mais significativo, mais colorido, dinâmico e pleno.

Emoções e paixões alteram nossa percepção natural e nossa consciência fica presa aos pensamentos, às preocupações, às reflexões e às afeições que surgem incessantemente.

Quando nós conseguimos "transcender nossa racionalidade" estamos transcendendo todas as preocupações do exterior, no que se refere a assertividade e objetividade.

Quando o nosso crescimento espiritual nos permite fundir os valores externos e a solicitação interior, nosso caráter se une harmoniosamente com a vida e penetramos no Ch'an.

A ausência do ego permite total controle da nossa Mente e assim nossas ações podem ser naturais e espontâneas.

Neste estado de Não-Mente, a racionalização e a intelectualização desaparecem e são simbolizadas por um círculo vazio de conteúdo, na posição de Meditação Ch'an.

CONVERSA FRANCA COM OS AUTORES
Num pagode chinês, entre a cestinha de doces e um gole de chá

Numa noite de um domingo muito quente de janeiro, nos reunimos no espaçoso e claro apartamento do Dr. Jou, em São Paulo, para conhecer os autores do livro de Meditação, para saber quem são os médicos da clínica IBRAPHEMA, que tiveram a idéia de escrever este livro.

A maioria de nós vestia bermudas e *shorts* e no momento em que chegamos a noite era tão quente que o mármore e as cadeiras de ferro da mesa de jantar estavam mornos!

Na sala ampla, do agora refrigerado apartamento, sentaram Dr. Jou, Dr. Norvan, Dra. Lilian, a editora Sylvia Freitas Machado e a jornalista Rita Ruschel.

A anfitriã, esposa do Dr. Jou, Cristina, nos serviu em muito boa hora um sorvete de baunilha, outro de chocolate e morangos gigantes com calda de chocolate.

A entrevista foi recheada com uma inesquecível cestinha, tipicamente chinesa, *made in Taiwan* com centenas de guloseimas orientais.

Como surgiu a idéia do livro?

Dr. Jou – Durante esses anos de prática surgiu a idéia de dar algo mais para os nossos pacientes, para que lessem e refletissem...

Afinal de contas, temos mais de 20 mil pacientes que acreditam no nosso trabalho e que confiam na nossa atitude. Esse livro é um agradecimento a esses pacientes que nesses anos todos vêm acreditando no nosso trabalho, em nossos ideais e nas nossas práticas.

Dr. Norvan – É exatamente isso, é colocar por escrito, em material documentado aquilo que a gente faz na sala, com os pacientes, "de Shin para Shin", da mente para mente, de coração para coração, na linguagem verbal e na linguagem não-verbal, descrever esse crescimento conjunto.

Nesses anos todos de prática, eu que era um alopata descrente acabei crescendo com os meus pacientes.

Cada paciente nosso é um professor. Eu passo alguma coisa para ele e ele devolve para mim.

Esse livro é o resultado disso.

Dra. Lilian – Esse texto representa talvez a essência da nossa prática, na vida aprendemos a compartilhar o nosso desenvolvimento.

Virão mais livros?

Sem dúvida, porque a essência, o espírito desse livro é um agradecimento a esses grandes mestres que são os nossos pacientes que ensinam e fazem com que a gente amadureça.

Acho que agora a gente precisa começar a retribuir. Aliás, os cursos de prática da Meditação Ch'an que fazemos há um ano são um exemplo disso.

Nossos pacientes são os nossos mestres anônimos, que ensinam a gente dia-a-dia, ajudando-nos a crescer.

Ajudando a abrir o ângulo de visão e experiência sobre a vida em geral.

Dr. Norvan, como um médico brasileiro alopata, formado pela tradicionalíssima faculdade de medicina ocidental se interessou por acupuntura?

Eu achava que a medicina tradicional era muito limitada.

Sempre me vinha a idéia de como duas crianças com bronquite, que freqüentam inalação no pronto-socorro, podem receber o mesmo diagnóstico, quando uma é gorda e tem catarro espesso e a outra é magra, fraquinha e tem secreção diferente.

Desiludi-me com esse tipo de medicina e fui trabalhar em RH, na prefeitura, até que um dia recebi um folheto que convidava para uma palestra de acupuntura e como eu precisava estar bem informado, já que pelo meu trabalho orientava outros médicos, fui assistir, e qual não foi minha surpresa? Dr. Jou, falando justamente sobre o caso de duas crianças com bronquite... com compleição física diferente, com catarro diferente, como é que eu posso dar prescrição igual?

Fiquei na maior alegria e fui estudar acupuntura.

Dra Lilian, qual a sua formação?
A minha formação é ginecologia e obstetrícia e eu também tinha essa procura por alguma coisa a mais.

Fiz um curso com Dr. Jou e acabei por trabalhar na Clínica IBRAPHEMA.

Na medicina tradicional chinesa tenho encontrado muitas soluções para casos difíceis que eu tinha.

Sendo cirurgiã, ainda tenho operado mas, depois da prática oriental, consegui não efetuar em muitos casos um tratamento tão agressivo quanto uma cirurgia. Hoje proponho para minhas pacientes um tratamento mais humano, mais holístico.

O encontro de vocês, Lilian, Norvan e Jou foi uma coincidência?
Não, o que existe é sincronização, como dizia Jung, e que na China chamamos de YingUen, encontros e circunstâncias que nos ligam uns aos outros.

Nossos ideais e pensamentos se entrelaçaram entre si.

De repente o Dr. Norvan descobriu o Dr. Jou, e a Dra. Lilian descobriu o Dr. Norvan, e descobrimos afinidades entre nós.

Temos a mesma filosofia, buscando algo mais da vida.

Temos que agradecer ao YingUen, natureza colaboradora de nos ter reunido. Na medicina chinesa há dois tipos de médicos, o "médico médico", que trata a origem da doença, e existe o "médico superior", que em si próprio já é a própria terapia para a doença.

O I Ching diz assim: "o príncipe atira no falcão com arco e flecha e o sábio toma simplesmente o próprio falcão".

Nós procuramos ser o Médico Superior.

Quando o Dr. Jou veio para o Brasil?

Nasci perto de Taiwan, na China, e vim para o Brasil com 11 anos. Fiz cursinho para vestibular e entrei em medicina quando estava no primeiro colegial, com 16 anos, e não podia cursar. No ano seguinte, prestei de novo e entrei em todas as faculdades de medicina de São Paulo, daí me emancipei e cursei medicina sob mandado de segurança.

Paralelamente, estudava medicina chinesa, onde uma das técnicas é a acupuntura, as outras são prescrição de ervas medicinais, exercícios como TaiCh'i Chuan, Quikong, Meditação e dietas.

A medicina chinesa vai até a raiz do problema, diferente da tradicional, que só quer conhecer a sintomatologia.

Se na gastralgia, o exame endoscópico indicar gastrite, o médico receita antiácido e talvez um calmante.

Mas segundo a medicina chinesa, a gastrite não é diagnóstico, ela ainda é sintomatologia.

Como era a acupuntura em São Paulo há 20 anos?

Na época em que montamos a clínica, a maioria dos acupunturistas não era de médicos formados, eles eram imigrantes ou massagistas. Talvez só eu e mais alguns colegas, enfrentando preconceitos, praticávamos acupuntura.

Talvez eu tenha quebrado a tradição, fui o primeiro a fazer sala individual para cada paciente, uma tentativa de preservar a individualidade, uma influência da minha psicanálise. Naquela época era comum usar 2 ou 3 macas, com os clientes num mesmo ambiente espetando agulha.

Como já fazia Meditação e terapia, eu achava que precisava proporcionar privacidade para os pacientes.

Porque eu achava que no momento que estão espetando agulha é um momento que eles precisam estar com eles mesmos fazendo suas próprias auto-reflexões, que já é um início da prática meditativa.

Dr. Jou, como a Meditação entra nessa história?

Quando eu era pequeno, com uns 10 anos, fazia Kung-Fu, e no fim da aula, nosso mestre mandava a gente se recolher num canto acalmando a mente, ficando quieto uns 15 minutos. Com isso, eu adquiri o hábito de Meditar. A palavra Ch'an sempre me atraiu muito, apesar da medicina tradicional chinesa ser taoísta (Yang/Yin), o Ch'an sempre me exerceu mais fascínio. Depois que me formei como médico, me dediquei mais a essa prática, o que me trouxe um sentimento de quietude muito grande.

O livro que mais me impressionou eu li há 20 anos, em 1978, e foi ele que me influenciou para praticar a Meditação; é o "Zen Budismo e Psicanálise" de D.T. Suzuki, Erich Fromm, Richard de Martino, da Editora Cultrix.

Na época eu fazia psicanálise e percebi que havia alguma coisa em comum entre as duas técnicas.

Dr. Norvan, como é que na prática a Meditação funciona?

Observamos alguns pacientes com doenças crônicas, que nos procuram porque não responderam ao tratamento da medicina tradicional e quando passam a praticar a Meditação, apresentam uma sensível melhora. Oferecemos essa opção para nossos pacientes porque quem pratica Ch'an não se dá por satisfeito, quer sempre mais, algo mais real, mais profundo, mais autêntico.

Oferecemos mais de nós mesmos para os nossos pacientes.

Nós olhamos o paciente como se ele e nós fôssemos uma mesma coisa.

Ora, se não existisse paciente, não existiria médico.

Notamos que os nossos pacientes que aceitam nossa filosofia, aceitando a meditação, diminuem o tempo de duração de tratamento, vamos dizer que ao invés de 20 sessões de acupuntura, reduzem para 10 sessões.

Quem medita reduz o tempo de tratamento, o organismo responde melhor.

Dra. Lilian, o que é um médico que pratica Ch'an?

Acreditamos que se o médico está bem, a sua presença já melhora a doença do paciente. O aspecto do médico, por si só, deve ser terapêutico.

Nos nossos cursos sugerimos aos nossos alunos-médicos a prática da Meditação.

Aquela história de "faça o que eu digo, mas não faça o que eu faço", é uma hipocrisia.

Na Nova Era é muito importante esse conceito, de que a indicação do médico para os seus pacientes tem que ser algo que ele pratica.

Ele jamais pode indicar para um paciente fazer Meditação, TaiCh'i Chuan ou dieta, se ele mesmo não pratica nada disso.

Como confiar na orientação de um médico obeso, hipertenso e fumante, para nos conduzir a uma vida de saúde?

É muito importante o paciente olhar e sentir aquele que vai cuidar dele.

Dr. Norvan, o Ch'an faz parte do Budismo?

Sim. Toda vez que você é autêntico com você mesmo, isso é Ch'an.

Rezar para Jesus, se entregando, entregando sua alma, isso é Ch'an.

Não importa se é católico, se é freqüentador do candomblé, da umbanda, ou se é muçulmano, essa devoção tem Ch'an.

E o Budismo está na moda, depois que Brad Pitt saiu na capa do Time?

O filme "Sete anos no Tibet," com Brad Pitt, fala desse anseio do ser humano na busca da espiritualidade. Gente famosa como Martin Scorsese, Tina Turner, Richard Gere, são budistas e mostram que a pessoa pode ser espiritualizada e bem-sucedida.

Não é só que o Budismo esteja na moda, é que ele está mais evidente por causa do vazio no mundo.

O que Buda pregou vem de encontro a essa lacuna.

Você poderia olhar o Budismo como qualquer religião.

Só que as religiões em geral, seja católica, muçulmana, xintoísta, taoísta, praticam rituais para aliviar seu sentimento de culpa, provocando seu arrependimento.

Mas o Budismo é a única religião do mundo que não tem Deus.

Não acredita que exista um Deus único, poderoso, que vem lhe salvar dos seus problemas. O Budismo diz: você responde pelos seus atos. Você é dono de si próprio. Você tem um brilho interior que apenas momentaneamente está coberto de pó.

Hoje em dia, essa procura desenfreada pelo bem-estar, pelas posses, fez perder nosso brilho interior.

Dra. Lilian, a espiritualidade está na moda?

Hoje, com tanto materialismo, criaram outro tipo de espiritualidade que eu brinco, chamando de "espiritualidade esotérica".

As pessoas procuram magias em geral para solucionar seus problemas. Na verdade, isso não é espiritual, porque o consulente está colocado como espectador. Do lado de fora, como espectador, o ego ainda é muito grande e ele procura manipular seu destino, entendendo o que lhe parece mais favorável.

Quando o ego ainda é muito grande ele não pode enxergar a essência do seu "eu".

A busca verdadeira da espiritualidade é transcender seu *self*, e principalmente fugir do seu próprio ego.

Dr. Norvan, a Meditação cura tudo? É uma panacéia para todos os males?

Como praticante de Ch'an, buscamos a verdade verdadeira das coisas, buscamos a essência e não a aparência das coisas.

Num paciente procuramos ver porque ele está doente e localizamos onde estão os seus problemas.

Muitas vezes esses problemas nascem de um profundo conflito interior dentro das pessoas. Um processo de vazio, de frustração, de perdas, de não realização, da própria ignorância.

A energia não circula e ele fica suscetível à hostilidade do meio ambiente.

A hostilidade do meio ambiente, somada com a ineficiência interna, gera um processo de adoecimento.

A Meditação não cura, ela orienta, mostra um novo caminho para ele, faz com que se encontre.

Ora, se ele estiver equilibrado, produz energia necessária para provocar essa harmonia.

Nós não curamos ninguém, nós apenas ajudamos os pacientes a saírem dos conflitos.

Dra. Lilian, parece que a Meditação cura tudo?

Não tenha dúvida, quem olha para dentro de si é mais feliz, se sente mais pleno.

O maior conflito hoje é que a pessoa não se satisfaz consigo mesma.

Você pode ter tudo materialmente, mas se tem insatisfação é como se não tivesse nada na sua vida.

O segredo é usufruir o que possuímos.

Dr. Jou, qual é a relação da Meditação com a prosperidade?

A Meditação aquieta a mente e faz brotar o potencial de dentro da gente, isso é prosperidade. Prosperidade é gerar conhecimento, riquezas, a força inerente de cada pessoa. Conheço muita gente que perdeu tudo na revolução chinesa, eles fugiram para o Brasil e estão ricos em tudo de novo. Como os judeus, perderam tudo e vieram para cá e reconstruíram tudo novamente. Não é o dinheiro que eles carregam, mas o que eles carregam dentro da cabeça, essa é a força da prosperidade.

Isso a Meditação traz. Porque como nossa mente está dispersa, você não saberá que carrega luz própria. Pode ter luz, mas nunca vai saber.

Dr. Norvan, a Meditação não tem nada a ver com Deus?

Não. Na realidade, cada pessoa tem suas necessidades.

Há gente que precisa de Deus para se sentir mais confortável e se sente bem em Meditar com esse sentimento. Esse deus pode dar segurança, dar conforto e suprimir a fraqueza e o medo interior.

Mas há outras pessoas que não precisam de deus, porque acreditam que deus está dentro dele, ele não precisa estar com deus porque ele é o próprio deus...

Dr. Jou, qual foi sua experiência no templo da China e nos outros lugares em que meditou com frio e a neve da montanha?

A Meditação é uma entrega. Quando estive no templo da China eles me mandaram tirar todas as roupas, me deram roupas deles, só fiquei com meus óculos e isso me trouxe uma sensação fantástica. Perguntaram-me quem eu era. Se eu respondesse meu nome eles poderiam não acreditar. Podiam pedir que eu provasse e eu não teria como provar, não tinha nem documentos. Em geral quando digo que sou o Jou, mostro meus documentos, minhas credenciais. A experiência no templo me fez muito bem, porque a gente vive no mundo pensando "como eu sou importante". Não poder provar quem somos nos deixa fragilizados e então a única solução é se tornar forte olhando para dentro de você e saber quem você é. No último treino intensivo enfrentei frio, fome e cansaço. Ou você olha para dentro de você e mantém aquela tranqüilidade interna ou você entra em processo de enorme desprazer ou talvez pânico pelo o que o mundo exterior lhe propõe. Não que eu seja masoquista, mas isso é apenas um treinamento que faz com que a gente olhe um pouco mais para dentro de si mesmo. Saber qual é o nosso destino, perguntar o que estamos fazendo aqui, nos desliga um pouco das coisas materiais e do cotidiano. Não estou dizendo que as coisas terrenas sejam ruins, mas se eu as coloco em primeiro plano, vou estar sofrendo o desajuste que é característico das coisas exteriores o tempo todo.

Dr. Jou, por que você busca esse tipo de desafio?

A vida é um grande desafio. Cada vez que você vence uma dificuldade física ou mental, você se torna mais autêntico e com isso se fortalece. Porque você traz para fora o seu potencial que está adormecido.

Dr. Jou, soube que você busca situações incomuns, como mergulhos, tempestades em mar aberto, isolamento em ilhas desertas, por que não escreve um livro?

Quem sabe um dia, precisaria de muito tempo livre para me dedicar a escrever sobre os desafios que me proponho.

Dra. Lilian, qual é a principal mensagem do Buda?

Que além de praticar nossa Meditação, para buscar nossa transcendência, deveríamos passar essa experiência para os outros.

São dois os grandes braços do Budismo, o pequeno e o grande veículo.

O pequeno veículo se chama Hynayana (ou Theravada), e diz que são poucas as pessoas que podem passar para o outro lado da margem.

No Mahayana, ou grande veículo, acredita-se que todos podem passar para o outro lado da margem, por isso a necessidade de um transmitir o conhecimento para o outro.

A Meditação Ch'an insere-se no braço budista de Mahayana.

Dr. Norvan, onde posso freqüentar um templo de Meditação Ch'an?

Não é necessário freqüentar templo algum, porque o próprio Meditante é o templo.

Mas vamos dar endereços de templos de Meditação Ch'an em São Paulo, no Brasil e no resto do mundo (veja anexo no final do livro).

Quando nossos pacientes estão em processo de sofrimento é bom que estejamos por perto para orientá-los na Meditação.

O médico tradicional dá anti-ácido para a gastrite e nós vamos além, buscando a motivação. Quando procuramos acabar com esse sofrimento, estamos ao lado deles, a Meditação não dá o peixe, ela ensina a pescar.

Como a Meditação mudou a vida de vocês?
Dr. Norvan – Quando você se casa com alguém, na verdade não se casa com aquela pessoa. Você se casa com quem imagina que seu parceiro seja.

É como olhar um paciente com diabetes, eu dou um regime, mas se ele não quiser, não adianta nada.

O que eu preciso fazer é levar meu paciente a perceber isso, que ele aceite suas dificuldades.

A Meditação me ajudou nisso, a perceber como as coisas são e não como eu gostaria que elas fossem...

Não posso imaginar que por ser médico, vou receitar a dieta e ele vai segui-la direitinho.

Dra. Lilian – A Meditação torna a gente mais confiante e firme, principalmente nos momentos de decisão importante, a criatividade transforma o cotidiano, deixando-o mais alegre e cheio de sentido.

A Meditação deixa todo mundo maravilhoso?
Dr. Norvan – Ela dá uma percepção maior.

Dr. Jou – Quem medita se torna mais autêntico, sabe exatamente o que quer, com mais capacidade de decisão e opção, que é a essência da liberdade.

Dra. Lilian – Desperta seu poder pessoal.

Dr. Jou, o que é liberdade?
Liberdade é ter opção. Você pode prender um sujeito numa prisão e ele ser completamente livre.

Você pode ver uma pessoa em estado de liberdade que está completamente aprisionada, por preconceitos, dificuldades.

Quem tem depressão profunda é assim, a pessoa pode

sair quando quiser, mas ela fica presa num quarto, tomando remédio.

A mesma coisa é quem freqüenta *spas* para emagrecimento. A própria obesidade é um tipo de depressão. A pessoa se auto-aprisiona num *spa*.

O *spa* tira a liberdade, a pessoa fica sete dias passando privação, sob uso constante de droga, isso é ausência de liberdade.

Dr. Norvan, Daniel Goleman em seu livro cita que Meditação cura pressão alta, é possível isso?

Ele cita o resultado de um teste com mais de mil pacientes com pressão alta sem medicação e fazendo Meditação duas vezes por dia, com sucesso, durante três semanas. Oitenta por cento dos pacientes regularizaram a pressão arterial. Para nós, isso não é novidade, na nossa clínica observamos isso.

Os pacientes têm resposta muito mais rápida quando meditam.

Dra. Lilian, para quem tem dificuldade em Meditar, a acupuntura pode ajudar?

Dra Lilian – A própria ação terapêutica da acupuntura, o uso de ervas medicinais podem desacelerar e ajudar o paciente a relaxar um pouquinho a sua tensão emocional, e conseqüentemente uma coisa complementa a outra.

INTRODUÇÃO
Uma nova forma de vida

A vida do ser humano é uma tentativa aleatória, de tomada de decisão, de fluir com a exigência e a solicitação do nosso meio. Por isso o ato de viver, por si só, já é um milagre da Natureza, mas nas suas transformações e exuberância se não mergulhamos profundamente nela ela se tornará tão fugidia e imperfeita como a cauda do pavão.

MESTRE NORG FAN LIAN

Muita gente pensa que Meditação é reflexão, mas Meditação não é reflexão.

Meditação é um meio de abrir nossa vida para chegar ao próprio Eu, ao Eu profundo e autêntico, usufruindo assim a grande riqueza que existe em cada um de nós.

A Meditação não deve ser considerada como prática esotérica restrita a certas pessoas, ocasiões, locais ou grupos religiosos.

Na prática da Meditação não existe apelo religioso ou ritualístico, apenas busca do autoconhecimento e autodesenvolvimento.

Na cidade grande, na tranqüilidade da casa de campo ou da praia, a Meditação pode e deve ser um meio de recarregar a energia perdida no exigente cotidiano.

Na Meditação aprendemos a mergulhar na nossa própria vivência, positiva ou negativa, tirando daí nossa própria experiência.

Na nossa prática clínica, como médicos, vemos a influência da Meditação na cura de diversas doenças psicossomáticas.

Na verdade, a Meditação está no nosso dia-a-dia, desde que levantamos até ao deitar, inclusive durante os sonhos.

A nossa percepção precisa estar aberta para cada pequeno acontecimento e detalhe do nosso cotidiano, a cada palavra, em cada decisão a ser tomada, nas reuniões de negócios e na vida familiar.

Não parece, mas a experiência do cotidiano, como o simples ato de tomar um copo de água, é fonte do desenvolvimento espiritual.

Essa fonte pode e deve ser cultivada em cada aspecto da nossa vida, no mundo dos negócios, ou no recesso do lar.

Nosso potencial e aptidão interior são a pura manifestação da espiritualidade de cada um de nós.

Cultivar nossa espiritualidade significa cuidar do desenvolvimento da nossa Consciência Pura (Phei), a sabedoria instintiva, um dos requisitos da evolução humana para alçarmos vôos maiores.

A sabedoria intuitiva é a nossa essência espiritual, onde podemos encontrar a nossa verdadeira potencialidade e força, principalmente quando estamos enfrentando dificuldades.

Na tensão do dia-a-dia, observamos que quem é mais espiritualizado consegue melhores resultados do que quem é materialista.

Será que podemos reunir a energia (Ch'i) nos momentos difíceis?

Aqui está o grande segredo!

É também nos momentos de perigo que sabemos quem é vencedor e quem é perdedor, quem é espiritualista e quem é materialista.

O grande segredo é a experiência da ausência do Eu, a experiência do Ch'an, parece incrível não é mesmo?

Será possível que é a ausência do Ego que nos ajuda a vencer as dificuldades?

Sim!

O Ego mais atrapalha do que ajuda, nos momentos de grandes decisões.

Quanto maior a presença invasora e auto-referente do Eu, maior a possibilidade de errar!

O que é Ch'an?

Como usar a técnica de Ch'an para vencer as dificuldades?

É fácil de aprender?

Isso é coisa de budista?

É uma religião?

Ch'an não é religião, mas é uma prática que exige disciplina e concentração para melhor obtenção de resultados, assim como qualquer outro tipo de prática.

Ch'an não é exclusivo de budistas ou de monges.

Qualquer método que exija concentração mental, que crie sincronismo para a otimização da reação da descarga mental é chamado de estado meditativo.

Qualquer método que focalize algo é chamado de estado meditativo.

O aprendizado do Ch'an consiste em penetrar, entrar no objeto, misturar-se com sua essência e vê-lo, por assim dizer, por dentro.

Isto é a *Self* Referência, uma experiência espiritual.

佛光禪

OBJETO REFERÊNCIA E *SELF* REFERÊNCIA
Esvazie a água da xícara! Vamos tomar um chá?

Vamos falar em dois conceitos básicos: *Self* Referência e Objeto Referência.

Imagine quando você estiver tomando chá e a sua observação estiver voltada para a xícara, se ela é bonita ou é feia. Dependendo do seu gosto, a apreciação da xícara será uma ou outra. Há pessoas que preferem a louça branca, sem desenho ou cor.

Outras preferem exatamente o contrário.

Na *Self* Referência você observa a xícara pelo seu valor intrínseco, qual a sua utilidade, de que material é feita, se é útil no cotidiano da sua cozinha, sem ser influenciado pela moda que o consumo ditou.

No Objeto Referência você valoriza a xícara pelo seu preço, sua forma, se é bonita ou não, pelo trabalho artesanal realizado, o desenho e a pintura que enfeitam a peça.

Sua utilidade é o que menos importa!

Todos nós conhecemos a fórmula química da água, H_2O, duas partes de hidrogênio, para uma de oxigênio.

As multiformas do H_2O, vapor, água e gelo, são formas aparentes, são apenas objetos.

Mas quando a água entra em ebulição e se torna vapor ou congela, transformada em gelo, ou em partículas suspensas no ar, transformada em névoa, a fórmula química H_2O não se altera!

Para um observador atento, essas alterações do estado físico da água não alteram sua essência, pois a fórmula H_2O continua a mesma e não sofrerá mudanças.

Isso é *Self* Referência, embora a aparência e característica física da água possam mudar inúmeras vezes.

Olhar as coisas externamente é como fazem esses dois jovens monges da nossa história. Certo dia, ao visitar o Templo Fa-hsing, o Mestre Ch'an Hui-nêng observava dois monges que discutiam calorosamente em frente a um estandarte do Templo.

Hui-nêng aproximou-se, passando a presenciar a discussão. Um dos monges dizia:

"Se não há vento, como é que o estandarte se move? Por isso afirmo que é o vento que se move."

O outro monge replicou:

"Se não há estandarte, como você pode saber que o vento está se movendo? Afirmo então que o estandarte é que se move."

Cada um insistia, defendendo seu ponto de vista.

Hui-nêng os interrompeu, dizendo:

"Por favor, não há necessidade de discussão. Gostaria de esclarecer o assunto para vocês. Nem é o vento que se move, nem tampouco é o estandarte que se move. Suas Mentes é que estão se movendo, incessantemente!"

A partir desta história pode-se concluir que a maneira pela qual um Mestre Ch'an olha os fenômenos não se limita às aparências externas.

Os Mestres Ch'an vêem as coisas através do olho da Mente, através dos olhos da *Self* Referência.

Nossas visões são distintas em função das nossas Mentes discriminativas.

Quando nossas Mentes estão imóveis, todas as coisas estão em harmonia, quando nossas Mentes se movem e se dispersam, várias diferenças e preconceitos emergem.

Assim a mente dispersiva cria ilusão da realidade, este é o poder inerente da nossa mente.

Se você está identificado com essa dispersão, vai aceitar esse fato e vai viver na ilusão, numa fantasia sem-fim.

Para atingirmos o estado no qual quietude e não-quietude se harmonizam (o estado de Self-Referência), devemos eliminar todos os pensamentos discriminativos.

Só então a paz e a quietude da Mente serão percebidas.

Self Referência é abstração mental e poética.

A borboleta, os cachorros e a cartomante

Se eu quisesse me "transformar" numa borboleta, o que deveria fazer?

Eu teria que conhecer verdadeiramente a borboleta, tornando-me borboleta, me sentindo borboleta, voando como borboleta, flutuando com a brisa da primavera sob os raios do sol.

Eu só poderia "ser" uma borboleta através do exercício da abstração mental e poética, através da *Self* Referência.

Mas se você apenas contempla a borboleta exteriormente e fica fascinado pelas suas cores, sem lembrar que um dia ela foi uma lagarta rastejante, então isto é Objeto Referência.

Na experiência de *Self* Referência, a borboleta fala comigo e eu conheço todos os seus segredos, todas as suas alegrias, todos os seus sofrimentos, conheço a sua essência.

Através da abstração mental percebo toda energia e a vida que vibram dentro da borboleta, isso parece poético e isso lembra uma metáfora?

Não, isso é um processo de transferência do nosso agregado mental, ou seja, uma experiência espiritual, que deve distinguir-se, totalmente, da experiência "esotérica" como visões, premonições, viagens astrais, curas milagrosas, por exemplo.

Não se questiona aqui saber se você sente a vibração de energia das borboletas como real ou não.

A verdade é que este é um processo de reencontro com o seu Self, no qual você é o "experienciador".

Entretanto se você procurar essa experiência, com a ilusão de poderes sobrenaturais, com uma mente voltada para ritual e magia, então ainda há muito orgulho para satisfazer e portanto muito que caminhar...

Nesse ponto podemos distinguir a verdadeira espiritualidade da falsa, que é mais uma forma de preencher o vazio interior.

Quanto vale um pulo

Há uma história Ch'an que relata o encontro à beira de um rio, entre dois discípulos de Meditação após vinte anos de prática.

Um deles desenvolveu poderes sobrenaturais como telecinesia, enquanto o outro dedicou-se à evolução espiritual da mente, o Ch'an.

Numa demonstração do seu poder sobrenatural, o primeiro deu um salto espetacular para o outro lado do rio, enquanto observava o outro discípulo vindo ao seu encontro numa pequena barcaça.

Enquanto o praticante de Ch'an pagava o barqueiro com uma moeda de um Yuen pela travessia, escutou o "Meditante sobrenatural" num tom de arrogância perguntar-lhe:

"Quanto você pagaria pelo meu salto sobre o rio?"

"Pagaria pelo seu salto o mesmo que paguei pela minha travessia, exatamente, uma moeda de Yuen", respondeu humildemente o meditante de Ch'an.

Ao traçar um paralelo do "nosso conhecimento", quando fazemos analogia sobre a borboleta, chegaremos a conhecer todos os segredos do Universo, que incluem todos os segredos do nosso próprio Ego (oitavo sentido, Alaya, um dos agregados mentais).

São segredos obscuros até agora, porque atuamos em dualidade lógica e racional.

Enquanto atuarmos como Perseguidor e Perseguido, Objeto e Sujeito, estamos atuando no universo do Objeto Referência.

Não é de admirar que a gente jamais consiga capturar e compreender o nosso verdadeiro Eu!

Na experiência do Objeto Referência, nossa principal ilusão é o nosso próprio Ego.

E assim somos constantemente seduzidos pelos acontecimentos e pelas circunstâncias do nosso próprio Ego, o que nos dá prazer e o que nos dá desprazer.

Desse modo, nosso estado mental fica preso aos valores externos, procurando somente afirmação e aprovação de fora, do mundo exterior, do mundo da moda, da mídia e do consumo (como a necessidade da roupa de grife, do relógio de marca, do carro do ano).

No processo de Objeto Referência, a base é materialista, buscando afirmação apenas no Ter, no Possuir, no Comparar.

Isto é, tentar exercer o controle de tudo.

Ter o poder de decisão, exercer influência, dominar.

De onde vem tamanha onipotência?

Vem da insegurança, do medo da perda e do fracasso!

Faz parte do materialismo manter nossa aparência, através da auto-imagem, da máscara social.

Expressamo-nos conforme a solicitação do mundo exterior, desempenhando um papel social que muitas vezes nem mesmo desejamos.

Na *Self* Referência você é o Sujeito, seu verdadeiro Eu, Ch'an.

Você não tem medo de desafio, sente-se seguro de si próprio, não há lugar para o complexo de inferioridade.

Mas também não é arrogante, apenas compreensivo e apaixonado pela Vida como ela é, do jeito que ela se apresenta.

A diferença básica entre Objeto Referência e *Self* Referência se baseia no ângulo de visão do Ego.

Um depende da aprovação de fora, enquanto o outro experimenta o seu verdadeiro *Self,* assumindo sua verdadeira responsabilidade.

Você já imaginou que o único poder que Objeto Referência pode proporcionar é a ilusão?

Sua origem está no próprio Ego.

O Ego só existe enquanto está comparando, se você tem coisas valiosas, como carro, casa, dinheiro, prestígio e *status.*

Esses são poderes ilusórios que desaparecem como se fossem bolhas de sabão, se forem arrancados de você.

A perda do poder (físico, mental, financeiro, profissional), cada dia mais, é muito mais comum do que se imagina.

Por isso, qualquer "ilusão de poder" baseada em objeto e em matéria desaparece quando os bens e o patrimônio evaporam.

Quando isso acontece, o Ego entra em pânico e depressão, criando doenças, comprometendo toda a vida e inclusive a performance no mundo dos negócios.

E uma decisão equivocada pode levar uma organização inteira ao fracasso, de uma forma rápida e irreversível, como acontece com uma doença infecciosa, que em pouco tempo toma conta do paciente se o diagnóstico for errado.

Como é exaustiva essa procura pelo Autopoder, fundamentada apenas no conhecimento racional da nossa Mente!

A vida é incrivelmente instável e está em constante transformação, criação e evolução.

Se não ficarmos atentos e concentrados, caímos na sedução da moda e da mídia e esquecemos de desenvolver o lado espiritual que é o único fundamento da evolução da Mente humana.

Existe uma história chinesa que descreve a vida de dois cachorros vira-latas, daqueles que vasculham comida nas ruas de Beijing.

O mais jovem passava o tempo todo se queixando da vida dura que levava, se perguntando quando o deus da felicidade viria salvá-lo dessa situação desgraçada.

O cachorro mais velho sempre tinha uma palavra de conforto:

"Não fique triste, a nossa vida não é tão ruim assim, a nossa casa é a rua, portanto qualquer rua é a nossa casa, todos os dias nos dão o que comer e ainda temos liberdade. Imagine se ficássemos amarrados, se usássemos coleira e se tivéssemos que abanar o rabo para o nosso dono? Daí sim perderíamos a nossa liberdade e dignidade."

Mas a opinião positiva do mais velho não convencia o mais novo, que um dia consultou uma cartomante, perguntando:

"Responda-me, onde está a felicidade?"

A cartomante respondeu:

"A felicidade está na ponta do seu rabo."

Conhecedor dessa verdade, o cachorro mais jovem passou a correr atrás do próprio rabo, dando voltas e mais voltas, tentando agarrar sua felicidade, até que depois de várias tentativas frustradas, perguntou ao mais velho:

"A cartomante me disse que a felicidade está na ponta do meu rabo, mas não consigo encontrá-la, você poderia me ajudar?"

Sorridente, o cachorro mais velho respondeu:

"Eu procuro a felicidade olhando para a frente, não tenho arrependimento do passado, não tenho medo do presente e nenhuma preocupação com o futuro. Basta colocar um pé diante do outro e pronto, a felicidade e a alegria naturalmente me acompanham."

Onde está a felicidade?

A dúvida nos afasta o olhar da felicidade.

Buscando freneticamente, perdemos a voz da felicidade.

O ciúme confunde a face da felicidade.

A Mente dispersiva esconde o abraço da felicidade.

Por que pedir a felicidade para os deuses, se a felicidade está dentro de nós?

A MEDITAÇÃO E A ADMINISTRAÇÃO
Aprendendo a equilibrar as coisas da vida

Através do Ch'an, as empresas podem atingir o equilíbrio durante um período de mudanças, fazendo um contraponto entre bons e maus momentos profissionais.

O Mestre HsingYun nos conta uma antiga história chinesa.

Certa vez um espadachim pediu a um Mestre Ch'an que lhe explicasse a diferença entre o paraíso e o inferno.

Mas, o Mestre respondeu-lhe com desdém:

"Não passa de um assassino sem instrução... não vou perder meu tempo com você!"

Sentindo-se ferido em sua honra, o espadachim teve um acesso de fúria e, com sua espada em punho, gritou:

"Vou decapitá-lo e beberei seu sangue."

"Ótimo, que maravilha!!! O inferno abrirá suas portas para você", respondeu o Mestre, dando uma gargalhada.

Assustado com a verdade que o Mestre dizia acerca da ira que o dominava, o espadachim acalmou-se, largou a espada e prostrou-se no chão numa atitude de humildade e perdão, agradecendo o ensinamento.

"É isso", disse o Mestre, "o paraíso está aqui!"

Os pensamentos orientais pregam, ao contrário do pensamento do Ocidente, que a felicidade ou a infelicidade do homem estão aqui mesmo, dentro de nós, se manifestando num piscar de olhos.

Durante a nossa existência terrena temos o céu e o inferno ao nosso dispor, quando quisermos.

A súbita compreensão do espadachim sobre o seu estado mental de agitação mostra a diferença crucial entre a percepção de alguém que se vê mergulhado num sentimento destrutivo e, repentinamente, toma consciência de que está sendo dominado por um ódio fulminante.

O Ch'an é uma forma nova de ver o mundo, que pode ser aplicada na vida profissional, da administração à gerência.

Dizem os orientais que o homem existe em perfeito equilíbrio e que o equilíbrio do homem só existe quando ambos os "pólos", ou extremos, estão igualmente desenvolvidos e valorizados.

Não podemos esquecer esta palavra, "equilíbrio", pois ela é básica e indispensável para todo o raciocínio que se segue.

Segundo essa filosofia, tudo no mundo tem dois lados, dois opostos, e só existe o ser completo quando ambos estão sendo atendidos, desenvolvidos e equilibrados.

A natureza, como sempre, é a primeira fonte de comprovação. Não haveria equilíbrio se tivéssemos apenas o inverno, o dia, a seca, o céu, a chuva, por exemplo.

Para que a natureza realize sua "função", ela necessita dos opostos, assim temos: verão e inverno, noite e dia, seca e enchente, céu e terra, chuva e estiagem, sol e lua, luz e escuridão, masculino e feminino.

Os seres humanos também necessitam de dois pólos igualmente desenvolvidos para serem equilibrados.

Assim temos: o nosso lado masculino e o feminino, o interior e o exterior, a matéria e o espírito, a lógica e a intuição, o consciente e o inconsciente, a cabeça e o coração, a direita e a esquerda.

Enfim, somos em todos os aspectos compostos por dois extremos que se completam, e só estamos felizes quando ambos são igualmente respeitados e valorizados, pois só aí há o equilíbrio.

Isso é o Caminho do Meio...

O Caminho do Meio significa a perfeição entre dois extremos, inteiro, completo, sem falhas, harmonioso, dinâmico e equilibrado.

O Ch'an é o vazio, e é do vazio que surgem todas as formas de manifestação do Universo e a Criatividade.

A essência do Ch'an é o vazio, mas sua função é absoluta e eterna.

Esse vazio não significa um vácuo completo, ao contrário, pois oculta inúmeras verdades e a sabedoria da criação.

Observemos a sociedade humana.

Para que seja boa e atenda às necessidades dos seus integrantes é necessário que haja equilíbrio entre: masculino e feminino, céu e terra, ideal e realidade, teoria e prática, absoluto e relativo, riscos e segurança, seres sadios e doentes, ricos e pobres, governo e oposição, propriedade privada e comunitária, pai e mãe, pais e filhos.

Se perdemos a perspectiva de que os opostos se completam não há sucesso e realização.

Precisamos das duas mãos para bater palmas e das duas pernas para chegar em algum lugar.

Portanto, necessitamos dos nossos dois lados, em estado de equilíbrio para atingir nossos objetivos.

Precisamos do sucesso (para manter nossa autoconfiança) e da derrota (como experiência), do trabalho (realização) e do lazer (relaxamento), da razão (inteligência) e da intuição (sabedoria), do "ter" (materialista) e do "ser" (espiritualista), do riso (alegria) e do choro (tristeza).

Em termos de administração, como esse equilíbrio deve ser aplicado?

A regra fundamental é que a empresa valorize igualmente "processos" opostos, para que assim obtenha equilíbrio e, conseqüentemente, o sucesso.

O administrador tradicional é um tigre:
ou você trabalha ou ele devora você

O que acontece normalmente com as empresas tradicionais? O que elas valorizam mais e o que valorizam menos? Onde está o equilíbrio?

O processo é o seguinte:

Empresas e organizações *fortes* para produzir e administrar (obter lucros) e *fracas* para criar e integrar (ambiente e relações pessoais).

Devemos nos certificar que os "lados opostos" numa organização funcional sejam: ordem e mudança, trabalho e realização pessoal, lucros e satisfação espiritual, hoje e amanhã, formalidade e não formalidade, agitação e paz, conhecido e desconhecido, razão e intuição, chefes e subordinados, emergências e rotinas.

Concluímos, portanto, que o sucesso depende da valorização de todos os opostos, pois os opostos se completam.

Devemos nos preocupar não apenas com os lucros (produzir e administrar), mas também e igualmente com a realização de um lado não mecanicista da empresa.

As atividades de produzir e administrar são mecânicas, programáveis, automatizadas, altamente controláveis.

Essas atividades planejadas, organizadas, coordenadas e controladas, representam apenas um lado, um extremo, que é altamente elogiado na empresa.

As atividades de criar, empreender e integrar pessoas, ao contrário, não são mecânicas, programáveis, controláveis, não podendo ser, e não são, planejadas, organizadas, coordenadas e controladas.

Este é o outro lado, o outro extremo, o outro pólo, deficientemente coordenado.

Como resultado, não há equilíbrio entre os opostos e, por conseqüência, não há sucesso.

Como podemos valorizar igualmente o *formalismo* (produção e administração) e o *não formalismo* (criatividade, espontaneidade, integração)?

As empresas modernas possuem setores diferentes e específicos com igualdade de poder de influência: produção, informatização e administração (que visam o hoje) e marketing, propaganda e treinamento (que visam o amanhã).

Todos nós estamos capacitados (alguns altamente) para produzir e administrar, ou seja, para o hoje, para o aqui e agora.

Nem todos, entretanto, estamos igualmente preparados e aptos para criar, empreender e integrar.

A busca da *similaridade* em lugar da *complementaridade* nos leva, por exemplo, à situação que se segue.

Quando um da nossa equipe fracassa, nos irritamos e criticamos, pois ele deixou de atender o "lado do lucro" e nos esquecemos que, mais importante do que criticar seria corrigir, tirar proveito do erro, criar soluções novas, treinar, "ver o outro lado da situação".

No capitalismo, somos seres econômicos e não seres humanos que trabalham.

Esse mecanismo nos leva ao desequilíbrio, que pode eventualmente nos levar ao insucesso.

Um chefe carismático como um Mestre do Ch'an sempre vê os dois lados, não vê apenas o resultado, mas também a pessoa que o fez, não valoriza apenas o erro, mas também a correção.

O líder vitorioso privilegia tanto o poder formal (que o organograma lhe dá) quanto o poder informal (que ele conquista), tanto a vitória quanto a derrota, tanto o trabalho quanto o indivíduo, tanto a razão quanto a intuição.

Você, como líder, procura estar sempre em equilíbrio entre os opostos, em todas as situações?

A sua empresa tem esse equilíbrio?

A palavra Ch'an é freqüentemente traduzida por "sabedoria".

A BORBOLETA E O DRAGÃO
A bela e a fera que caminham juntas

Se quisermos estudar a borboleta, que caminho escolher?

No domínio da Mente Objeto Referência, assumimos o poder de dissecá-la, estudando sua função biológica, seus mecanismos de sobrevivência e reprodução.

Através desse estudo achamos que detemos o controle da vida de todas as borboletas do mundo.

Mas no mundo da *Self* Referência contemplamos como vivem as borboletas, de onde elas chegam, como é sua transformação e metamorfose, de que forma elas voam e qual flor e néctar elas preferem.

A partir de agora, através da *Self* Referência, por conhecer a borboleta de uma maneira diferente da que conhecíamos no Objeto Referência (que atua na dualidade), podemos conhecer e aceitar o nosso verdadeiro Eu, o Ch'an.

Isto é, perdendo-nos dentro da borboleta, conhecendo o nosso *Self* tão bem quanto o da borboleta, perguntamos como seria também a nossa metamorfose e transformação?

E qual é a nossa missão de voar aqui no mundo?

Chamamos a este enfoque de *Self* Referência, como a Maneira Ch'an, um aprendizado totalmente não tradicional, não padrão e não formal, completamente diferente do que nos foi ensinado.

Esse modo de conhecer ou ver a realidade pode chamar-se também interativo ou criativo.

No método tradicional, o Objeto Referência dificulta a compreensão do objeto estudado.

Tentar dividir o "todo" é como a tentativa do médico de dissecar o cadáver e depois reunir todas as partes, tentando reproduzir o corpo vivo original, o que é efetivamente impossível.

A maneira Ch'an transforma a vida como ela é, em lugar de reparti-la e tentar restaurá-la pela intelectualização, colando aleatoriamente as partes quebradas.

A maneira Ch'an preserva a vida enquanto vida, sem que nenhum bisturi da racionalidade a violente.

A ciência tradicional vê a abstração como algo não confiável.

Mas o Ch'an, ao contrário, mergulha na fonte da faculdade criadora e expõe para fora a energia mais profunda da nossa Mente e a partir dela retira todo o mistério e a força existentes no seu interior.

Essa fonte é o Inconsciente de Ch'an, aquela força e o poder que nos ajudam nos momentos de dificuldade.

Entretanto a borboleta do nosso *Self* não tem consciência de si mesma.

Somos nós quem a despertamos do inconsciente.

É como na história de uma lagarta que ao cansar de tanto comer folhagem começou a duvidar do significado da sua própria existência.

Ela se perguntava:

"Será que a vida é só isso?", quando, por obra do destino, uma borboleta cruzou seu caminho.

A lagarta sentiu uma profunda admiração por esse ser, que voava entre as flores, sobrevoando as nuvens, se deleitando com os mais finos néctares.

"Que ser maravilhoso! É um deus!" exclamou a lagarta.

Sem precisar usar as palavras, apenas com uma ligeira vibração da antena, a borboleta "transmitiu" sua resposta.

"Você também é um deus, precisa apenas confiar em si própria."

A lagarta insistiu:

"Mas como? Se eu me vejo como um verme rastejante e não sei nada da vida além de só comer e dormir! Você nem das palavras precisa."

Respondeu a borboleta:

"Você precisa morrer na Grande Morte, do Ch'an, para se libertar da vida e da morte, daí então virá a libertação. O Ego se libertará e Deus surgirá dentro de você…"

Isto é o Ch'an, o caminho que liberta o potencial que há dentro de você, é o que sente o Mestre Norg Fan Lian quando contempla o reflexo do orvalho matinal que reflete o brilho das ondas do raio do sol nascente, misturando o reflexo das cores das flores de primavera com os flocos de nuvens do azul do céu, apontando para a dança das borboletas à beira da sebe silvestre, na estradinha de terra da fazenda.

Onde está o Ch'an? Está no Mestre? Está no orvalho? No sol nascente? Nas flores? Nas nuvens? No azul do céu? Ou na estradinha de terra?

Talvez não esteja em parte alguma, talvez esteja no *Self* do Mestre e se for assim, não digam nada. Isso é Ch'an.

Enquanto o materialista busca o concreto, o artista busca recriar.

Este último sabe que a realidade não pode ser alcançada pela análise exterior, por isso mesmo utiliza-se do palco, das luzes, da tela, do pincel, das notas musicais e das tintas, procurando criar com o seu inconsciente.

Quando esse inconsciente se identifica sincera e genuinamente com o Inconsciente Ch'an, a criação do artista é genuína.

Ele realmente criou alguma coisa, sua obra não é cópia de nada, existe por si própria.

Pintar uma flor que está florescendo no seu inconsciente, é uma nova flor e não uma simples imitação da natureza, pois é a nova criatura que surgiu do *Self* do artista.

Há um conto Ch'an, cuja história é assim:

O superior de um mosteiro Ch'an desejava que o forro da "Sala de Dharma" fosse decorado com um dragão e convidou então um pintor famoso para executar a tarefa.

O artista aceitou, mas queixou-se de nunca ter visto um dragão verdadeiro, se é que os dragões realmente existem.

"Não se preocupe por ainda não ter visto a criatura. Torne-se um dragão, transforme-se num dragão real e pinte-o. Não procure seguir o modelo convencional", disse o abade.

O artista perguntou:

"Como posso tornar-me um dragão?"

Respondeu o abade:

"Recolha-se aos seus aposentos e concentre o seu pensamento nesta tarefa. No devido tempo, sentirá a necessidade de pintar um dragão. Nesse momento se tornará um dragão, e o próprio dragão o impelirá a dar-lhe então uma forma."

O artista seguiu o conselho do superior do mosteiro e depois de diversos meses de treinamento e esforços adquiriu confiança em si, por ter visto o dragão nascido do seu inconsciente, do seu *Self* Referência.

O resultado é o dragão que ainda hoje vemos no forro da "Sala de Dharma" no Myoshinji, em Kioto.

Outra história do encontro do dragão com o pintor chinês também é muito citada pelos Mestres de Ch'an.

Narra a necessidade do pintor de pintar o dragão, mas como ainda não tivesse visto nenhum deles, vivo, ansiava pela oportunidade.

Um belo dia, um dragão de verdade enfiou a cara pela janela e disse:

"Aqui estou, pinta-me!"

O pintor ficou tão surpreso com o visitante inesperado que desmaiou, ao invés de encará-lo atentamente.

Tendo agido assim, não produziu nenhuma imagem do dragão vivo, pois este pintor está baseado no Objeto Referência, apenas no objeto dragão.

業力

O QUE É O DESTINO?
Tudo o que vai, volta

A maior força controladora da vida é o karma.

O karma é o produto de nossos atos, incluindo nosso discurso, pensamento e ação e que são chamados de "karma do corpo, da boca e da mente".

Há uma citação que diz: "Todas as boas e más ações têm suas conseqüências, é só uma questão de tempo", essa é a lei da Causa e Efeito.

O karma subdivide-se em bom e ruim, dependendo das circunstâncias.

Entretanto, com o passar do tempo, temos que enfrentar as conseqüências de nossos atos, sejam positivos ou negativos.

O karma determina o destino, sem exceção.

Embora o karma controle nossas vidas, nós podemos controlar o nosso karma.

Se pudermos modificar nossa conduta, se formos capazes de contornar o mal, se formos capazes de produzir o bem, assumiremos o controle do nosso próprio destino.

Além do bem e do mal, há outros tipos de karma.

O karma que atinge um único indivíduo é chamado "karma individual", o karma que afeta uma comunidade inteira é chamado "karma comum".

Indivíduos que nascem e crescem em Taiwan têm o mesmo karma comum.

Embora todos neste mundo de "Samsara" tenham o mesmo karma comum, alguns moram na Ásia enquanto outros moram na América.

Há cores de pele amarela, branca, morena e negra.

Tais diferenças surgem em função de nosso próprio karma individual.

Há ainda o "karma determinado" e o "karma indeterminado". Enquanto alguns nascem na riqueza, outros nascem na pobreza.

A família em que nascemos está além de nosso controle, pois a escolha dela foi decidida por nosso karma determinado.

Nosso futuro, porém, ainda será decidido pelo karma indeterminado.

Será determinado por nossas ações de hoje.

O karma exerce muita influência em nossas vidas.

O karma controla o destino, mas como isso funciona?

Os escritos antigos dizem que o karma comum "mais pesado" atua primeiro.

O karma pode também atuar através de nossos hábitos ou de nossas recordações mais fortes.

Sob a perspectiva do tempo, uma parte do karma de nossos atos irá amadurecer nesta vida, enquanto outra parte amadurecerá na próxima vida, ou mesmo nas futuras vidas.

O karma pode ser comparado ao plantio de árvores frutíferas.

Algumas árvores apenas dão frutos durante o primeiro ano do plantio, outras só dão frutos nas próximas estações.

Não importa se tivermos que esperar um, dois ou vários anos, se desejamos colher frutos suculentos, devemos semear boas sementes de forma criteriosa.

Se desejamos, analogamente, desfrutar as recompensas de um bom karma, temos que plantar, hoje, as sementes do bom karma.

Mas nós podemos mudar o nosso destino, apesar dos hábitos, das superstições, das emoções, do poder, dos desejos e do próprio karma.

Todos esses fatores controladores, dos hábitos ao karma, nada são sem nossas próprias ações.

Se pudermos manter a atentividade e formos cuidadosos em nossos discursos e ações, ainda seremos capazes de transformar um destino de infortúnio numa vida de brilho e beleza.

ASSIM FALOU BUDA
Adquirindo uma visão correta

Como podemos alterar nossos destinos? Quais são os métodos disponíveis?

Depois da iluminação, Buda nos revelou a verdade dos sofrimentos e nos ensinou a fórmula para erradicar as aflições e sofrimentos através dos "Oito grandes caminhos de despertar".

O elemento mais importante dos "Oito grandes caminhos de despertar" é a Visão Correta.

Apenas mediante a Visão Correta, podemos ter uma referência dos outros sete elementos.

Só então não nos desviaremos do caminho correto.

A Visão Correta significa compreensão e perspectiva precisas, o que significa a sabedoria intuitiva.

A correta perspectiva é muito importante no cultivo do progresso e na construção profissional do indivíduo.

É ainda uma base para progresso social, para a prosperidade econômica e uma integração do agregado da estrutura familiar.

Tomemos o exemplo de Hitler.

Embora se tratasse de um homem inteligente, perdeu a visão correta e a compreensão exata das coisas.

Além da ambição de dominar o mundo, construiu muitos campos de concentração, encontrando prazer na tortura de milhões de inocentes.

Suas ações corruptas e visões maléficas reescreveram a história européia, gerando uma grande tragédia humana, além de alterar o curso da história alemã, que permaneceu dividida em Alemanha Oriental e Ocidental até muito recentemente.

De acordo com o Ch'an, é possível corrigir aquele que apresentar falha de comportamento.

Porém, aquele com a visão deturpada, pode causar grandes tragédias à sociedade, sendo muito mais difícil corrigi-lo.

Embora haja muitos fatores que conduzam ao sucesso pessoal, as perspectivas corretas se constituem nos ingredientes chaves.

Um pai, por exemplo, se queixa do filho preguiçoso e incompetente.

O filho pode não sentir pesar algum a respeito, ou então dizer:

"Você disse que sou preguiçoso. Tem razão. Vou me tornar um fracasso total".

Ele se rende e propositadamente se torna um fracassado.

Outro indivíduo, em uma situação similar, se analisa interiormente, corrigindo sua conduta e trabalha arduamente para se tornar um sucesso, melhorando a opinião dos outros a seu respeito.

Ou seja, duas pessoas, em situações semelhantes e com visões opostas, revelam resultados totalmente diferentes.

Indo um passo adiante, se formos positivos, lutadores e otimistas, não consideramos os obstáculos, pois, lutaremos para trilhar sempre um novo caminho.

Podemos provar a alegria de viver em meio ao sofrimento.

Porém, se formos passivos, queixosos e pessimistas, nossa perspectiva será cinza e melancólica.

Para indivíduos assim, a vida é supérflua.

Podemos perceber como nossa perspectiva pode alterar nossa vida e nosso destino.

Um indivíduo generoso terá um destino rico, um indivíduo avarento terá um destino pobre.

Se você for capaz de olhar o mundo com compaixão e desprendimento, a vida será alegre e mesmo num mundo cheio de sofrimento será possível encontrar felicidade e prazer.

Ao olhar o mundo com ódio, mesmo o mais elevado paraíso será transformado num inferno.

Para um bom destino, temos que cultivar visão e perspectiva corretas.

Uma vida confiante é como uma viagem com destino, um trajeto com rumo certo.

Dar objetivo às tarefas nos auxilia na busca de nossa meta, sem qualquer esforço perdido.

A força resultante da autoconfiança é similar a um motor que nos dá a energia necessária para mudarmos nosso destino.

A paixão que os artistas têm pela arte é como a entrega do seu Self, mergulhando dentro da sua experiência sem esperar recompensa.

Os artistas dedicam grandes esforços na criação de uma obra-prima.

Podemos ler a história da civilização humana e perceber como inúmeros estudiosos e filósofos dedicaram suas vidas a seus ideais e princípios.

O legendário general Yueh Fei da Dinastia Sung que lutava contra a invasão dos mongóis na China, acreditava na lealdade que devia ao seu país e sacrificou sua vida por sua convicção e com isso ficou na história chinesa.

Mesmo hoje, é ainda venerado como um herói popular e sua influência nos seus conterrâneos pode ser observada.

O destino de um país é determinado pelas convicções e princípios de seus cidadãos.

De todas as convicções, a concentração da mente é a mais poderosa.

Com grande capacidade concentrativa da mente, um indivíduo será capaz de aceitar o infortúnio da vida com desprendimento e consolo.

A Mente Meditativa nos dá coragem para suportar os maiores obstáculos.

Ela abre nossas mentes e corações para acolher as aparentes injustiças da vida, conduzindo nosso destino a uma dimensão totalmente diferente.

VIVENDO EM SOCIEDADE
Alguns mandamentos

Nenhum homem é uma ilha, somos todos membros da sociedade.

Nossa vida é entrelaçada em um todo.

Nossas necessidades diárias são produzidas pela cooperação de diferentes níveis da sociedade.

Nosso conhecimento é o resultado do ensinamento paciente de nossos mestres.

Sem eles, permaneceríamos ignorantes.

Mesmo ao trabalharmos na sociedade, necessitamos da ajuda dos nossos colegas e da orientação de nossos mestres-gurus, médicos e terapeutas, para que possamos alcançar nosso potencial e sejamos capazes de contribuir para nossa evolução.

Ao desejarmos ser eficazes e prósperos, é necessário que mantenhamos relações amigáveis para interagir com os nossos próximos.

No Ch'an, a idéia de "construindo bons relacionamentos" significa construir elos sociais cordiais.

Os escritos antigos dizem: "Antes de aprender os ensinamentos, trabalhe para estabelecer primeiramente bons relacionamentos com outras pessoas, ser conduzido para depois conduzir".

Se desejarmos construir muitos relacionamentos, devemos ser amigáveis e úteis.

Ao ajudarmos os outros, estaremos na realidade nos ajudando.

Ao darmos aos outros, estamos dando a nós mesmos.

Como todos somos Um, não dizemos "Nós *versus* Eles", pois é unicamente ajudando aos outros, que seremos capazes de realizar alguma coisa.

Assim, os Bodhisattvas (que se empenham em alcançar a Iluminação) ajudam os seres sensíveis como um meio de cultivar os princípios de evolução e crescimento da humanidade.

Bons relacionamentos não só mudam nosso destino, como se constituem em caminhos importantes para a introdução da Meditação.

Na vida cotidiana, um sorriso amigável, uma palavra de encorajamento, a mão estendida e um afeto sincero trazem grande alegria aos outros e ajudam a fortalecer os relacionamentos.

A estruturação de bons relacionamentos amplia nosso horizonte e pavimenta o caminho para um destino feliz.

Com tais benefícios, por que não agir assim?

Além da visão, da convicção e da construção de bons relacionamentos, a manutenção da ética também pode alterar nossos destinos.

Não matar prolonga um palmo a mais de vida.
Não roubar transforma a pobreza em riqueza.
Não cometer o adultério mantém a harmonia familiar.
Não mentir constrói boa reputação.
Evitar drogas protege a saúde e as faculdades mentais.

A observância da ética pode transformar uma vida dispersiva em uma vida feliz e saudável.

Nas escrituras antigas há uma história sobre a relação entre proteger a vida e alterar o destino.

Certa vez, havia um comerciante que fora fazer compras no mercado.

Lá chegando viu uma pequena tartaruga que o fitava com olhos cheios de lágrimas.

Naquele momento, um pensamento de compaixão surgiu em seu coração e ele decidiu comprar a tartaruga.

Levou então o animal para o lago, devolvendo-lhe a liberdade.

Passado certo tempo, quando o comerciante viajava a serviço, foi assaltado por bandidos em uma estrada montanhosa.

Os bandidos levaram todo seu dinheiro e o empurraram para dentro de um lago.

No instante em que se afogava, sentiu um apoio debaixo dos pés.

Com a ajuda desse apoio, foi capaz de se salvar.

Ao olhar ao redor, viu que se tratava da pequena tartaruga que retribuía agora, com suas companheiras, o que ele tinha feito por ela no passado.

Se não matamos e se protegemos a vida de todos os seres sensíveis, somos protegidos pelas leis da causalidade.

Todos temos um destino, que é controlado por diversos fatores.

Como nos libertar e construir nossa própria vida?

Para conseguir isso, devemos ter uma visão correta, uma convicção intensa, construir bons relacionamentos e manter a ética.

Deste modo, não estaremos sob o controle do nosso destino, sendo possível dominá-lo livremente.

O DESTINO E SEUS MISTÉRIOS
Quem semeia vento, colhe tempestade

O destino é um mistério maravilhoso.

Qual então a visão do praticante de Ch'an sobre o assunto?

Embora o Ch'an acredite na existência do destino, difere da predeterminação que outras filosofias apregoam.

O Ch'an ensina que toda existência provém das causas e efeitos e que a existência é vazia (Kong), sem uma separação independente da natureza do ego.

Assim, o destino depende das causas e efeitos e da natureza do ego.

Boas sementes plantadas alteram nosso infortúnio.

Há um conto famoso de um jovem monge principiante, que ilustra o funcionamento da lei da causa e efeito:

As folhas que salvaram as formigas

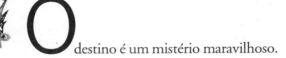

Certa vez, meditava um velho mestre Arhat (pessoa iluminada que atingiu o nirvana).

Durante sua Meditação profunda, viu que seu discípulo favorito tinha somente mais sete dias de vida.

Pensou: "Por que esta boa criança só tem mais sete dias para viver? É muito infortúnio! Não posso contar isso a ela. Como resistir a esse trauma?"

Na manhã seguinte, o mestre conteve sua tristeza e chamou o jovem, dizendo-lhe:

"Minha boa criança, você não vê seus pais há muito tempo. Vá para sua casa e visite-os."

Nosso jovem, desconhecendo a verdade, concluiu que o Mestre agia de maneira estranha, mas mesmo assim viajou.

Fez suas malas, alegremente, disse adeus ao mestre e seguiu seu caminho.

Sete dias se passaram, e o jovem não havia retornado.

Arhat sentia-se preocupado com o bem-estar de seu discípulo.

Quando lamentava o fato de não poder vê-lo nunca mais, o jovem monge repentinamente apareceu.

Arhat ficou surpreso.

Segurou a mão de seu discípulo, examinou-o cuidadosamente e perguntou-lhe:

"Como conseguiu voltar em segurança? O que você fez nos últimos dias?"

O monge balançou a cabeça e respondeu confuso: "Nada".

Arhat prosseguiu:

"Pense bem. Você viu alguma coisa? Fez qualquer coisa?"

O jovem respondeu:

"Oh, estou lembrando agora. No caminho para casa, ao passar por um lago vi uma colônia de formigas se afogando. Assim, apanhei uma folha e as transportei para o solo", respondeu o jovem com determinação e seus olhos escuros cintilavam com a luz da felicidade.

Depois de ouvi-lo, Arhat entrou em meditação para analisar o destino do seu discípulo.

Ele não só não morreu, como sua vida foi prorrogada por mais cem anos.

Mediante um pensamento de compaixão, salvando a vida das formigas, o jovem discípulo transformou seu próprio destino.

Além da compaixão, os méritos podem também transformar uma vida ruim em boa.

Ao contrário da história que contamos, alguns indivíduos, por conta de seus crimes hediondos, estão além da possibilidade de ajuda, mas o Ch'an acredita que até mesmo o karma mais grave pode ser minorado.

É como um punhado de sal colocado em um copo de água, a água fica muito salgada para ser ingerida.

Se o sal, entretanto, for despejado em uma bacia ou em um tanque de água, a água não ficará mais tão salgada.

O sal da energia negativa, não importa quão forte seja, pode ser diluído pela água abundante dos bons méritos, até o ponto de ela se tornar saborosa.

Em um campo abandonado, onde as ervas daninhas se desenvolvem entre as mudas de arroz, se trabalhamos diligentemente para erradicar o mato, o arroz terá chance de crescer.

Quando o "arroz do mérito" estiver alto e forte, mesmo com a presença de algumas ervas daninhas, a colheita será abundante.

Mesmo o karma mais carregado pode ser aliviado pela força das virtudes e dos méritos.

Saber perdoar, assim como arrepender-se, também é uma maneira de alterar nosso destino.

O perdão suaviza o karma negativo, dando lugar à sabedoria e ao florescimento das bênçãos.

As roupas sujas podem ser limpas com a água pura.

Um corpo sujo pode ser lavado com água do banho.

Uma mente corrompida pode ser purificada com a prática da meditação Ch'an.

O destino não é imutável.

Pode ser alterado pela compaixão, pelos méritos e pelo arrependimento, sobretudo pela prática incessante da Meditação Ch'an.

O acúmulo de Ch'i (energia) positivo, através de treinamento constante pode proporcionar uma vida nova, a partir de qualquer situação desesperadora.

Por outro lado, aquele com um destino favorável, que não lhe der o devido valor, sofrerá inevitavelmente o fracasso.

Exatamente como na citação: "Quando você vive em segurança, esteja atento aos desastres".

Devemos levar isto dentro do coração!

PRESENTE, PASSADO E FUTURO
A cegonha, a lua e o pinheiro

No Ch'an, a lei da causa e efeito gira sobre a vida passada, a vida presente e a vida futura.

Embora o praticante da filosofia Ch'an acredite que o destino seja determinado pelo passado, dá maior ênfase ao presente, para construir um futuro melhor.

O passado não pode ser mudado, e trazê-lo de volta não faz sentido.

O presente e o futuro estão em nossas mãos.

Se pudermos fazer uso do presente de forma correta, um futuro promissor nos aguardará.

Assim, de acordo com a filosofia do Ch'an, o indivíduo não deve ficar envolvido eternamente no sofrimento passado, mas sim buscar de forma assertiva um futuro infinitamente recompensador.

Como transformar uma vida de sofrimento num belo futuro?

Para atingir isso, devemos melhorar nosso caráter, transformar nossa mente, aprender a olhar ao redor e fazer concessões.

Há um ditado popular que diz: "É mais fácil mover uma montanha que mudar o caráter de uma pessoa".

Mudar nossos maus hábitos, amenizar nosso temperamento explosivo e nos abrir às outras pessoas, faz com que nosso destino melhore substancialmente.

Vivemos tempos modernos, de transplantes de órgãos, aquele com uma doença cardíaca pode receber um coração novo, que o possibilita levar uma nova vida.

Quando o coração físico apresenta problemas, o indivíduo se submete a uma cirurgia e pronto — vida nova.

Quando o coração espiritual está doente, é necessário transformá-lo em um coração de virtude, generosidade e retidão, antes de readquirirmos uma vida saudável.

Modificação de caráter é a prescrição para a transformação do nosso destino.

A capacidade de perdoar e de fazer concessões é a medicação adequada para a construção de um novo futuro.

Dor de cabeça e mágoa surgem por não sabermos como mudar.

Vamos cegamente adiante, nos forçando em direção a situações sem saída.

A sabedoria está em nos resguardar em um lugar de manobra, nos retirando e ponderando.

Esse "tempo" e esse "espaço", que nos presenteamos, fazem com que a gente descubra que o mundo é muito maior do que imaginamos.

RESIGNAÇÃO OU NÃO RESIGNAÇÃO
Máscara do prazer do sofrimento

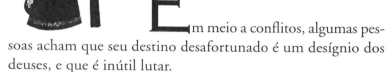

Em meio a conflitos, algumas pessoas acham que seu destino desafortunado é um desígnio dos deuses, e que é inútil lutar.

Com o tempo, essas pessoas tornam-se mal-humoradas, frustradas e depressivas.

Colocam seu precioso futuro na mão dos deuses imaginários e ficam, passivamente, escravizadas.

O Ch'an, entretanto, acredita que o destino está sob nosso controle.

Ninguém, nem mesmo os deuses, pode ditar nossos destinos.

Somos nossos próprios Mestres, somos arquitetos do nosso próprio futuro.

O destino humano não é fixo e imutável.

Não é o céu que nos transforma em santos ou em pecadores.

Todos os santos e sábios realizaram seus méritos consigo mesmo.

Se trabalhamos diligentemente, uma vida de sabedoria estará diante de nossos olhos.

MELHORAR O FUTURO
A fênix que nasce das cinzas

Confúcio disse certa vez: "Apenas nos meus cinqüenta anos soube o que o céu já havia planejado".

Se um sábio como Confúcio só pôde ver a verdade do universo ao atingir a maturidade, vemos que aceitar a vida como ela é não se trata de uma tarefa fácil.

O Ch'an vai além, nos ensinando que além de aceitar a vida com benevolência, temos que andar ainda mais adiante para melhorarmos nosso futuro.

O Buda é um grande mestre, preocupado com todos os seres.

É também um revolucionário corajoso e digno.

Buda protestou abertamente contra a discriminação nas classes sociais na Índia e nos ensinou como erradicar todos nossos sofrimentos espirituais.

A revolução de Buda não é alcançada através de luta armada, mas através da auto-reflexão.

A revolução de Buda não é apontada externamente, mas interiormente, em verdadeiras batalhas com os nossos desejos.

Somente trabalhando corajosamente para nos transformar é que seremos capazes de ter um futuro verdadeiramente luminoso.

A maioria de nós cai na armadilha de criticar os outros, nos autodesculpando.

Buda ensinou o Dharma durante várias décadas, nos fornecendo inúmeros métodos para eliminar o sofrimento do nosso Coração e da nossa Mente.

Assim fazemos com que retornem ao puro e claro estado original — nossa verdadeira natureza.

O processo de cultivo não é outro senão a limpeza do nosso coração e a purificação da nossa vida.

É exatamente no momento em que o céu está claro que a lua irá naturalmente brilhar.

A nossa evolução se dá no instante em que nos unimos ao Ch'an, na derradeira vacuidade.

ARTE E CIÊNCIA
Quando estiver no mato espesso, não confunda corda com cobra.

Ver e observar não é o suficiente, ver para crer é pior ainda.

Querer ver absolutamente tudo acaba por utilizar o dualismo racional para a explicação do Eu-dicotomizado.

Um bom exemplo é o artista que enxerga o que passa despercebido para a maior parte da humanidade.

Antes de mais nada, o artista precisa ter confiança em si mesmo, rompendo os padrões tradicionais, entrando no objeto, sentindo-o interiormente e vivendo a vida do objeto.

O aprendiz de Ch'an precisa conhecer a sua natureza e a natureza do objeto observado, precisamente para ser capaz de vivenciá-los.

O mundo concreto e racional trata essa natureza "Interior Subjetiva" superficialmente.

"Eu e Tu" talvez esteja certo, mas, na verdade, não podemos dizer isso.

Quando dizemos: Certo e Errado, Preto e Branco, Yin e Yang, estamos fechando qualquer possibilidade de referência.

Muitas vezes o "certo" é, precisamente, o que nos causa prejuízo.

Na realidade, o dualismo lógico só pode sustentar-se quando se apóia em alguma coisa não dualista, criando situação de comparação mensurável.

A estrutura social baseia-se nesse dualismo, por isso mesmo os estudiosos da "ciência" procuram reduzir tudo a medidas quantitativas.

Com esse propósito, inventam todos os tipos de apetrechos mecânicos e regras.

A tecnologia é a tônica da cultura moderna.

Eles rejeitam como "não científico" ou como "anticientífico", tudo o que não possa ser reduzido a quantificação e comparação.

Os cientistas criam inúmeras doutrinas e regras, e as nuanças ou fatos que lhes escapam são, naturalmente, postos de lado, como não pertencentes ao seu campo de estudo.

Por mais finos que sejam, os pentes, enquanto pentes, deixarão por certo escapar alguma coisa que não pode ser mensurada de maneira alguma.

A quantidade se destina a ser infinita, e as ciências, um dia, terão de confessar sua incapacidade de ludibriar a Realidade.

O Ch'an está fora dos domínios do estudo científico padrão.

O máximo que os cientistas conseguem fazer é admitir a existência desse domínio.

O Ch'an é fundamentado na prática e numa íntima experiência da realidade interior de cada um, ao passo que a maioria das ciências, crenças e filosofias, fica só na periferia emocional e intelectual, apenas enumerando fatos.

Ch'an dispensa todas as formas de teorização e explicação racional, de instrução doutrinária ou de formalidade acadêmica.

O Ch'an é algo que deve ser experimentado, não para atingir uma sensação corriqueira, mas para sentir o que se chama da mais primordial de todas as sensações.

Quando dizemos, "Sinto-me frio como uma pedra de gelo", vemos a imagem da pedra de gelo, ou quando dizemos "Sinto frio", esse gênero de sentir pertence ao agregado sensorial comparativo, distinguindo os sentidos como a visão ou o tato (sinto frio).

Dizendo, "Sinto-me só", ou "Sinto-me frio de abandono", isto já é mais geral, mais total, mas ao mesmo tempo íntimo e poético, pertencendo ainda ao campo da consciência comparativa.

Quando transpomos esse nível de consciência, a sensação de dureza da pedra de gelo, de frio, de solidão e de abandono, confluem todas para um único agregado.

Esse agregado é o estado de Consciência do Self, onde cessa toda a discriminação e comparação, chegando finalmente à consciência de si mesmo, à própria realidade.

Esse estado é o Samadhi, total concentração mental, além e acima do desejo e discriminação.

Já não existe mais Percepção e nem Não-Percepção.

Na realidade, todos nós nascemos artistas, não realmente artistas especializados como pintores, escultores, músicos, poetas, mas artistas da vida, do cotidiano.

Por não dar a devida importância ao "viver" a maioria das pessoas tem dúvidas a respeito da própria existência e fica se questionando sobre qual o sentido da vida?

Nada é absoluto ou verdadeiro, a verdade de hoje pode ser a mentira de amanhã, a pessoa rica, hoje, pode ser o pobre de amanhã, tudo é impermanente.

Todo conhecimento vai circulando, fazendo curvas lentamente em direção à verdade, mas Ch'an é uma vigorosa tentativa de entrar em contato direto com a essência da verdade, sem permitir que a teoria e a intelectualização se interponham entre Sujeito e Objeto, Conhecedor e Conhecido.

Ch'an é sentir a Vida e não mais sentir algo sobre a Vida.

Ch'an é o contrário de observar a Vida e comentá-la.

A MEDICINA DA NEW AGE
O ser humano visto como um todo

Na especialidade que exercemos (acupuntura e medicina tradicional chinesa), percebemos que, normalmente, as pessoas chegam à nossa clínica com uma ampla variedade de sintomas e sinais clínicos.

Um dos principais comentários é o uso excessivo de medicamentos alopáticos que não proporcionam o resultado que se esperava.

Além das queixas sobre as circunstâncias difíceis da vida, assim como dificuldades nos relacionamentos profissionais e afetivos.

Diferente da consulta médica e psicológica convencional, na Clínica IBRAPHEMA não categorizamos os pacientes apenas pelo diagnóstico da medicina ocidental.

Fornecemos uma visão global da pessoa, a consideramos como um todo, não enfatizamos só o órgão doente, mas avaliamos o processo que causou a doença que debilitou esse órgão.

Avaliamos qual o processo de adoecimento.

A Clínica IBRAPHEMA desenvolve uma visão holística do ser humano, sem ser uma alternativa complementar da medicina alopática.

Procuramos oferecer uma filosofia de vida mais integral e mais espiritual, propomos uma qualidade de vida melhor, para encontrar o potencial adormecido.

Não é um programa mágico, de cura milagrosa de todos os males, ao contrário, é uma proposta sensível e objetiva para que as pessoas que confiam no nosso trabalho possam experimentar a interação da Mente e do Corpo.

Essa entidade única e integrada, que é a unidade Corpo/Mente, pode então dirigir sua energia para lidar melhor com sua evolução e crescimento espiritual e inclusive com suas doenças, ou seja, com seu processo de adoecimento.

No cotidiano da nossa prática médica observamos que os pacientes que praticam a Meditação enfrentam de uma forma mais eficaz a situação da doença e do sofrimento.

Notamos inclusive que, no seu dia-a-dia, há uma nítida melhoria na forma de enfrentar a realidade — é essa a principal meta da Clínica IBRAPHEMA.

A pesquisa científica feita no ambulatório do hospital onde mantemos nosso serviço de ensino, complementada pelas investigações e observações feitas pelos nossos docentes e alunos de pós-graduação, nos dá indício de que a terapêutica holística pode solucionar muitas patologias consideradas difíceis.

Na verdade, a Meditação é muito mais do que um simples relaxamento ou um método de combate ao estresse, sua essência é promover a harmonia entre a Mente e o Corpo, ajudando a enfrentar a complexidade do mundo moderno, proporcionando maior estabilidade, clareza mental e sabedoria (Phei) aos nossos pacientes.

Podemos afirmar que a prática da Meditação, vista pela medicina, inclui enfrentar, aceitar e incorporar o estresse, a dor física e psíquica, como também absorver sentimentos de rancor, medo, frustração e expectativa.

Ao reconhecer a realidade do Aqui e Agora, independente se é boa ou ruim, damos início à transformação dessa realidade atual e a sua posterior interação.

Observamos que quando indicamos a Meditação para nossos pacientes, a maioria pensa em Meditação Transcendental, yoga ou prática de sugestão, técnicas que evocam a resposta de relaxamento ou tranqüilidade usando apenas a concentração mental.

Mas a prática do Ch'an, além do treinamento de concentração, introduz, também, elementos de observação e investigação (Kuang).

Kuang é a observação de pensamentos e sentimentos, sem nenhuma crítica, durante a Meditação.

Não devemos ignorá-los, nem analisá-los.

Incrível como esse estado de atentividade, que apenas observa a entrada e a saída dos pensamentos na nossa Mente, gera uma incrível sensação de leveza.

Tiramos um peso da consciência, permitindo uma perspectiva mais significativa das emoções que a vida oferece.

Essa atentividade que investiga a realidade do presente momento é a marca registrada do Ch'an e é o que diferencia esta técnica das outras escolas de Meditação.

Recomendamos que ao experimentar uma emoção desagradável, até mesmo uma dor física, não tenha medo, nem raiva, resista ao impulso de querer fugir do desconforto.

Ao contrário, vamos observar essas manifestações de uma forma consciente e acolhê-las com toda a naturalidade.

Lembre-se, essa aceitação não é covardia e muito menos a passividade e resignação de uma vaquinha de presépio.

Essa aceitação possibilita que você vivencie a vida como ela é, mais inteira, aumentando sua capacidade de atuar com precisão em qualquer situação.

Essa aceitação oferece a você o Caminho do Meio, para navegar em situações de alta complexidade da Vida, tanto em momentos de dificuldade como nos momentos de prazer.

禅

HISTÓRIA
Do Oriente para o Ocidente

Ch'an é algo que transcende todos os limites, a vida e a morte, é a iluminação direta a partir do "insight" *interior. Sentindo Ch'an, nossa vida cotidiana se transformará num outro nível mais amplo e elevado.*

MESTRE HSIN-YUN

A origem do Ch'an está na Índia.

Na linguagem páli, tem o nome de Dhyana e seu significado é "acalmar a preocupação".

Na concentração contínua, atingindo o estágio de ruptura total com a consciência normal do cotidiano, depara-se com a absorção total do objeto meditado.

Isso é Samadhi, ou seja, a cessação total de todo pensamento estorvante.

Apesar de Dhyana permear todo o pensamento budista, não é exclusivo da filosofia búdica.

Desde o período da invasão do Vale do Indo pelos arianos (por volta de 1500 a.C.) que introduziram escrituras sagradas "Veda" na antiga Índia, já havia descrições da prática do Dhyana na literatura.

Inclusive no Vedantasara, texto ancestral que descreve métodos de superar Maya, a Ilusão, há técnicas para alcançar a quietude e concentração da Mente.

Entretanto há diferença entre Dhyana e concentração védico-upanixádica, que através da introversão busca a aquisição de "poderes sobrenaturais" (Siddhi) onde todos obstáculos, são magicamente superados como: Anima (invisibilidade), Mahima (grandeza), Laghima (leveza), Garima (peso), Prapti (posse), Prakamya (prazer), Isitva (domínio), Vasitva (encantamento).

Ao passo que Dhyana proporciona Samadhibala, o poder de abstração, que supera turbilhões de pensamentos dispersivos, conduzindo a um estado de libertação de todo tipo de sofrimento.

Esse é o despertar do Sidarta Gautama, ou Buda, o Iluminado, príncipe da tribo de Shakya que se transformou em "Muni", aqueles que se retiram dos centros urbanos, mergulhando na floresta à procura do desenvolvimento espiritual e autoperfeição.

Durante anos, Sidarta foi iogue em busca de respostas para as perguntas que o torturavam e que o levaram a abandonar a vida confortável de um príncipe.

Sidarta estudou e se tornou discípulo de Alara Kalama e de Uddaka Ramaputta, mas não encontrando a resposta que procurava, partiu em busca do seu próprio caminho e destino.

Foram seis anos de sofrimento e mortificação. Sidarta chegou ao seu limite físico e mental e, quando a corda da vida estava para ser rompida, emergiu da profundeza da sua consciência um feixe de luz que é o Caminho do Meio.

Caminho do Meio não é algo espacial, entre superior e inferior, frente e atrás ou entre dois objetos, ou duas ações, nem intervalo de distâncias, também não é intervalo de tempo entre passado e presente, futuro e passado ou presente e futuro.

O Caminho do Meio significa perfeição entre dois extremos, inteiro, completo, sem falhas, harmonioso, dinâmico e equilibrado.

É o Tao, é o vazio e é do vazio que surgem todas formas de manifestação do Universo, assim é Ch'an.

A essência do Ch'an é o Vazio, mas sua função é absoluta e eterna, esse vazio do Ch'an não significa um vácuo completo, porque oculta inúmeras verdades e sabedoria da criação.

Por isso sua função é eterna, de sabedoria infinita e de verdade absoluta.

A essência do Vazio (Koung) chamamos de Ch'an, que é

a fonte de todas as manifestações da Natureza humana, do pensamento da existência, à criação magnífica do progresso da civilização.

Esse feixe de luz é conhecido como Iluminação, é a experiência do conhecimento correto de si mesmo e de todas as manifestações do Universo.

Procurando transmitir a descoberta dessa vivência de auto-realização aos outros, Sidarta acabou agregando um grande número de adeptos, em busca de algo mais na vida do que simplesmente comer, beber, dormir e reproduzir-se.

As idéias referentes à verdade e a natureza do ser humano, sua posição e destino no Universo, a lei de causa e efeito, a ação e reação da Natureza, sempre foram objeto de estudo de diversas escolas orientais.

Na realidade, essas idéias são muito mais filosóficas e metafísicas do que religião propriamente dita.

Estas escolas orientais sempre apresentam duas faces: metafísico contra religioso, ritualístico em oposição ao mítico.

Segundo a história, Buda Shakyamuni durante uma palestra numa grande assembléia na montanha de NinghShan, que reunia mais de mil e duzentos discípulos Arahant (homens santos, que atingiram o nível de nirvana), com um sorriso inspirador na sua face elevou o braço, segurando uma flor de lótus dourada.

Nesse momento sua audiência ficou perplexa e um silêncio total.

O que o Mestre quis dizer com isso?

Nenhum dos discípulos arriscou-se a dar nenhuma interpretação e durante esse longo momento de impasse, seu discípulo Mahakashyapa respondeu-lhe com outro sorriso misterioso.

Ninguém da assembléia entendeu o sentido e significado do feito de Mestre e mais tarde Buda anunciou que o Dharma mais profundo da verdade tinha sido transmitido ao discípulo Mahakashyapa e assim Dhyana foi transmitido com uma flor e um sorriso...

Monges não queimam incenso

Desde então, durante 28 gerações, (quase mil anos mais tarde) ocorreu essa transmissão de "Mente para Mente" (Ich Shin Ying Shin) até o Bodidharma, um patriarca hindu, levar essa tradição à China, durante a dinastia de Han.

Bodidharma nasceu por volta de 440 d.C. na cidade de Canshi, no reino de Pallawa, na Índia, sendo o terceiro filho do rei Shimhavarman.

Seu Mestre durante 40 anos foi Po Le To Lo (Prajnatara) de Magada que recomendou que ele imigrasse para a China.

Numa época onde o budismo era usado como forma de pedir as graças divinas, a chegada de Bodidharma, desprovido de magia e rituais, no final de setembro de 520 d.C., causou grande sensação e agitação no sul da China.

Em outubro do mesmo ano, o Bodidharma foi recebido pelo imperador da China, como convidado de honra.

No ano de 527 d.C. o patriarca hindu fundou a "Escola de Dhyana", dentro do templo de Shao-Lin (onde se pratica Kung Fu), como uma seita diferenciada do budismo e que veio a se consolidar seis gerações mais tarde.

A palavra Dhyana foi traduzida para o chinês como Ch'anna e abreviada como Ch'an, que é o estado que propicia quietude da Mente, desapego em relação a nossa preocupação e às necessidades imediatas.

Concentrando e firmando a Mente dispersiva, ao penetrar finalmente no Samadhi (união do Meditante com o Objeto Meditado), Dhyana é a técnica que desenvolve Samadhibala.

Da força da Meditação ao Samadhi extrai-se a sabedoria mais profunda da consciência humana, o conhecimento não racional, o Intuitivo, o Prajna.

Samadhi é a preservação da tranqüilidade, da ausência de ação, é o silêncio.

Samadhi também é deixar a força da natureza, generosa e sem preconceitos, seguir o seu curso (Tao).

O Céu e a Terra são eternos, porque não existem para seu benefício próprio.

O sábio é humilde em tudo que faz e não procura mérito para si próprio, por isso é admirado por todos.

Sem se preocupar com ganhos e perdas, o sábio não sofre frustrações, sendo altruísta consegue o que quer, e servindo ao próximo realiza seu propósito de vida.

Prajna é sabedoria absoluta, que é tão flexível como a água, nutrindo toda manifestação de inteligência.

Sendo maleável, flui para onde a natureza a conduz, localizada no mais simples cotidiano, reflete a sabedoria de viver bem consigo mesmo.

O Ch'an se desenvolveu rapidamente na China, tornando-se, dentro do budismo, um ramo independente do pensamento filosófico, tendo exercido influência nas artes, na cultura e nos costumes chineses.

Quando falamos de templo budista, imediatamente, associamos a imagem de monges, estátuas de Buda, incensos e sutras, por exemplo.

Mas muitos monges Ch'an não acendem incensos, não reverenciam estátuas de Buda e chegaram, inclusive, à ousadia de queimar as estátuas numa fogueira, prevenindo-se dos rigores do inverno.

A maneira de ser dos monges Ch'an é fascinante, cheia de humor e perspicácia.

Seu enfoque está na compreensão imediata, no despertar interior, transpondo toda barreira da lógica dualista e regras impostas do padrão religioso e cultural.

Enquanto outros consideram rituais e disciplinas como purificação da mente ou como caminho para o "estado de Iluminação", o Ch'an iguala a Iluminação ao estado da mente livre de Buda.

A sutileza da poesia e da pintura chinesa carrega exatamente o brilho do Ch'an.

Se você quer falar sobre a flor, então transforme-se em uma flor, se pretende pintar um pássaro torne-se um, assim você pode expressar a mais profunda verdade do objeto estudado.

Antes da morte de Bodidharma, ele anunciou que surgiria uma flor de lótus, de seis pétalas, e posteriormente haveria uma flor com cinco folhas.

Assim, seis gerações de patriarcas sobreviveram com esse ensinamento, via transmissão direta e a partir da sexta geração houve a divisão em cinco escolas.

Uma flor com cinco pétalas, é como se consolidou a escola Ch'an na China, ramificada em cinco linhagens que ainda restam hoje.

As principais são Rinzai (LingChi), Soto (ChaoTong), Porta das Nuvens (YunMan).

No Brasil, assim como no resto do mundo, Ch'an é mais conhecido como Zen, que tem origem na língua japonesa.

Foi na dinastia Tang que Ch'an chegou ao Japão e é a partir dessa dinastia que a China difundiu sua cultura para quase todo o Oriente.

Do século X, no Japão, para o Brasil do século XX.

CAUSA E EFEITO NO CH'AN
Tudo que sobe, desce

Há mais de 2.500 anos Sakyamuni Buda "nasceu neste mundo para a causa e efeito de uma missão maior".

Tal missão, tal causa e efeito, é o que hoje chamamos de "Dharma Budista", a verdade percebida por Buda.

Vamos falar sobre a minha mão.

O conhecimento comum assegura que trata-se de uma mão.

A ciência médica a vê como uma estrutura formada de ossos, músculos, nervos e células.

A literatura define a mão em termos de estilo, gesto e expressão.

A interpretação filosófica da mão a simboliza como a personificação do destino e da amizade.

Na física, os movimentos de distensão e de contração da mão significam força e movimento.

Além disso, a mão é considerada real, como algo que realmente existe.

A visão Ch'an de minha mão, por outro lado, é similar a uma radiografia profunda, onde a mão é na verdade apenas uma forma ilusiva, de natureza instável e que eventualmente se deteriorará e desaparecerá.

Trata-se apenas de um fenômeno derradeiramente vazio em sua natureza.

Digamos que eu abra e feche minha mão.

O conhecimento comum e o intelecto diriam que eu apanhei um pouco de ar e algumas partículas de pó.

Trata-se de um movimento e de um gesto.

Sob a perspectiva Ch'an, o fechar de minha mão é "como

um sonho, uma ilusão, uma bolha, uma sombra, como o orvalho ou o raio".

Trata-se apenas de um fenômeno, que existe em função da combinação de determinadas causas e efeitos.

"Todos os fenômenos surgem em função das causas e efeitos, todos os fenômenos cessam devido a causas e efeitos."

O que queremos dizer por causas e efeitos?

Causas e efeitos são nada mais que interações e relacionamentos humanos.

Devemos aprender a ser humildes e compreensivos com os relacionamentos que mantemos com as outras pessoas.

A arrogância inviabiliza as melhores causas e efeitos.

O encontro de Bodidharma com o imperador Wu se constitui em um bom exemplo.

Nossa história se passa na era Ta-Tung, do imperador Wu, durante a dinastia Liang.

O imperador sabendo do seu desembarque, rapidamente mandou um enviado para acompanhar Bodidharma à capital.

O imperador Wu, ávido em exibir seus feitos, orgulhosamente indagou a Bodidharma:

"Construí numerosos templos, publiquei muitas escrituras e apoiei o Sangha. Quantos méritos você acha que acumulei?"

Esfriando o entusiasmo do imperador, Bodidharma, respondeu friamente:

"Nenhum" e prosseguiu explicando a doutrina do Kong (vazio, Sunyata) que diz que é do vazio que brotam todas as coisas do Universo.

O imperador ficou muito aborrecido e perguntou:

"O que você quer dizer? Fiz tanto bem e tantos atos de benevolência."

Bodidharma respondeu:

"Majestade! Estas são causas imperfeitas e só lhe trarão pequenas recompensas no reino humano e celestial. São tão ilusórias quanto sombras. São apenas fenômenos vazios."

Irritado, o imperador perguntou:

"Bem! Então o que são os méritos verdadeiramente reais?"

"Não se prenda ao nome e à forma dos méritos", respondeu sorrindo, Bodidharma. "Purifique seus pensamentos e sua Mente. Perceba a derradeira natureza da vacuidade. Prive-se da cobiça e não procure recompensas imediatas."

O imperador não fora capaz de perceber esse profundo significado do vazio.

Para exibir sua sabedoria como imperador de seu povo, perguntou na sua habitual arrogância:

"Qual é mais sábio, o céu ou a terra?"

Bodidharma percebeu a vaidade do imperador e respondeu: "Entre o céu e a terra, não há nem o sábio e nem o ignorante".

O imperador Wu perguntou em voz alta:

"Você sabe quem eu sou?"

Bodidharma esboçou um sorriso, balançou a cabeça e disse: "Eu não sei."

O Imperador sempre se julgou um grande benfeitor do Budismo.

Ele era orgulhoso demais e não tinha sinceridade suficiente para aprender a verdade.

Como podia ser tão desprezado por Bodidharma?

Com rudeza, mandou Bodidharma embora.

Agindo assim, perdeu a oportunidade de acionar a lei de "causa e efeito".

Não praticou o Ch'an com Bodidharma e perdeu a excelente oportunidade de se transformar profundamente.

Posteriormente, o imperador lamentou seu próprio comportamento e tentou chamar Bodidharma de volta, mas já era tarde demais.

Como o imperador era egoísta e obcecado pelo sucesso, foi seduzido apenas pelo apelo exterior dos méritos e com esse comportamento foi lançado longe do Caminho do Meio.

O pobre imperador não foi capaz de perceber a derradeira verdade que vai "além do verdadeiro ou do falso, além do bem ou do mal".

Como sua causa era imprópria e os efeitos pobres, não era

de se admirar que o encontro dos dois não tivesse chegado a lugar algum.

Vamos ilustrar a lei da causa e efeito com um episódio que envolve o Sexto Patriarca Hui Neng.

Quando Hui Neng era jovem, viajou durante trinta dias de Cantão para Hupeh, para aprender sobre o Dharma com o Quinto Patriarca.

Ao se encontrarem pela primeira vez, o Quinto Patriarca soube imediatamente que Hui Neng era possuidor de grande potencial, que a lei da causa e efeito estava corretamente amadurecida.

Perguntou: "De onde você é? O que está buscando?"

Hui Neng respondeu:

"De Ling Nan, minha única meta é ser um Patriarca e me tornar um Iluminado".

Ouvindo tal resposta, o Quinto Patriarca impressionou-se. Desejou testar se Hui Neng havia cultivado as condições corretas e indagou objetivamente:

"Você é só um bárbaro do sul. Como ousa desejar tornar-se um sábio?"

Hui Neng confiantemente respondeu:

"Os indivíduos podem ser do sul ou do norte, a natureza da sabedoria não é regional. Se a lei da causa e efeito for correta, qualquer um pode se tornar um Iluminado. Por que não eu?"

O Quinto Patriarca refletiu e respondeu:

"Certo! Autorizo-lhe a permanecer aqui e a trabalhar. Dirija-se ao moinho."

Durante oito meses, Hui Neng cortava lenha, silenciosamente dia após dia, calado, amarrando pedras ao redor da cintura para lhe proporcionar maior peso e estabilidade ao moer os grãos de arroz.

Entretanto, durante esse período, o Quinto Patriarca jamais dirigiu a palavra ou ensinamento a ele, nem sabedoria nem Dharma; ao mesmo tempo HuiNeng não reclamava ou se aborrecia com o trabalho pesado que lhe foi designado.

Um dia, já tarde da noite, o Quinto Patriarca deu finalmente a HuiNeng seu manto e a sua tigela, como símbolo da transmissão da sua escola, fazendo-o Sexto Patriarca.

O Quinto Patriarca explicou sua atitude com o seguinte verso:

"Aqueles com Intenção própria vêm semear
Em campos de causa nascerão e crescerão frutas.
Aqueles sem Intenção própria, não tendo nada que semear,
Sem natureza das Intenções, não há nada que cresça."

Eis o que o Quinto Patriarca quis dizer com este verso.

Ao chegar pela primeira vez da terra distante de Ling Nan para aprender o Ch'an, a causa estava amadurecida e HuiNeng era sincero e confiante; estava convencido do seu objetivo.

O ambiente e as condições, porém, eram inadequados naquele momento.

Teve que polir-se e cultivar-se durante um certo período, fazendo trabalho pesado, para esperar amadurecer YingUen (causa-efeito).

A partir desta história podemos concluir como a causa e o efeito são capazes de influenciar os indivíduos ao interagirem uns com os outros.

Sem causa e efeito apropriados, os relacionamentos humanos serão imperfeitos e lamentáveis.

Os acontecimentos devem aguardar a maturidade da causa e efeito.

Nos templos, nas estátuas de Maitreya Bodhisattva, há este belo poema, ilustrativo da lei de causa e efeito.

"Diante dos nossos olhos estão indivíduos
Ligados a nós por efeitos;
À medida que nos encontramos e nos ajudamos uns aos outros,
Como podemos não nos encher de alegria?
O mundo está cheio

De problemas difíceis e insuportáveis;
À medida que colhemos o que semeamos,
Por que não abrir nossas mentes e sermos magnânimos?"

Construindo uma casa

Certa vez, o rei Milinda perguntou a Bhiksu Nagasena: "Seus olhos são na realidade você?"

Bhiksu Nagasena respondeu:

"Não!"

O rei Milinda perguntou novamente: "E seus ouvidos?"

"Não!"

"E seu nariz é você?"

"Não!"

"A língua é você?"

"Não!"

"Então significa que seu corpo é na realidade você?"

"Não", respondeu Nagasena, "a existência do corpo é só uma combinação ilusória".

"A mente deve ser real então?"

"Também não é."

O rei Milinda aborreceu-se e perguntou novamente:

"Bem, se os olhos, ouvidos, nariz, língua, corpo e pensamentos não são você, então diga-me, onde está seu verdadeiro ego?"

Bhiksu Nagasena sorriu maliciosamente e respondeu com uma pergunta:

"A janela é a casa?"

O rei fora surpreendido e lutou para responder:

"Não!"

"E a porta?"

"Não!"

"Os tijolos e azulejos são a casa?"

"Não!"

"E a mobília e os pilares?"

"Não, claro que não."

Bhiksu Nagasena sorriu e perguntou:

"Se a janela, a porta, os tijolos, os azulejos, a mobília e os pilares não são a casa, então onde está a casa real?"

O rei Milinda finalmente compreendeu que causa, condições e efeitos não podem ser separados, nem tão pouco compreendidos por uma visão pré-concebida e parcial.

Uma casa só pode ser construída a partir da existência de muitas condições.

Da mesma forma, a existência humana também requer diversas condições.

Se conhecemos a lei da causa e efeito, se acreditamos na sua existência, plantaremos boas causas em vários lugares e cultivaremos condições vantajosas o tempo todo.

Com isso, nossas vidas percorrerão um caminho homogêneo, repleto de sucesso.

Esse verso fala sobre isso:

"Se o indivíduo compreende

A lei da causa e efeito,

Será capaz de encontrar a primavera

Em meio da geada do outono e da neve do inverno."

AS CORES DO ARCO-ÍRIS
Ilusão e realidade

É a Meditação, arco-íris é o caminho, é a ponte entre Nirma-na-kaya, corpo de transformação, e Sambogha-kaya, corpo de êxtase espiritual, em plenitude e unidirecionalidade, é a renovação cíclica do ser humano.

MESTRE NORG FAN LIAN

As cores do arco-íris revelam a quietude da prática (Shiou) e a conduta (Hsing), mas elas são apenas manifestação humana, não devemos nos apegar a nenhum desses fenômenos, não devemos tentar ver nenhum Corpo e nenhuma Mente.

Para a Mente não há nome, o Corpo é vazio e o Ch'an é sonho.

Não há nada a ser atingido, nenhuma iluminação a ser experimentada, isto é a Libertação, como as cores do arco-íris, após a chuva de verão.

Há diversas etapas de desenvolvimento e treinamento do Ch'an, pois na tradição de evolução são três os "Mundos".

Mundo do Desejo, da Forma, e da não Forma ou Invisível.

Quando as pessoas observam o arco-íris imaginam que no final dele haverá felicidade e tesouros inesgotáveis.

Isso é fruto da fantasia e da imaginação humana.

É a expectativa e o devaneio que criamos em torno do que vem do nosso "desejo interior".

Já que o arco-íris não é mais a ponte por onde a deusa Íris atravessa o céu, mas apenas um fenômeno físico de gotículas de água suspensas no ar, dispersando os raios solares, formando as cores do espectro da luz, penetramos finalmente no mundo das "formas".

Não há mais expectativas, nem distorções da realidade, observamos agora o mundo como realmente é.

Assim que o arco-íris desaparece, restam apenas nuvens e silêncio no céu.

É o vazio de substâncias que preenche todas as formas de manifestação.

As cores voltam a ser invisíveis, as gotículas de água suspensas misturam-se com as nuvens e fluem com o vento, desaparecendo completamente, formando talvez outro arco-íris noutro lugar, noutro momento.

É no mundo da não-forma, do vazio, que consiste a transcendência do Sujeito e Objeto, a dualidade, o preconceito.

O vazio não significa ausência ou não existência, está pronto para tudo, é a vacuidade de todas as formas, da qual surge o meio, o Caminho do Meio.

CH'AN E A MENTE

悟 Quando você está calculando, planejando, pensando ou procurando, é a sua Mente que está em ação.

A Mente não é necessariamente algo inerente ao cérebro anatômico, algo racional, calculista, lógico ou matemático.

Também não é obrigatório que assuma o controle do pensamento, visando determinado objetivo.

Entretanto a Mente Pensativa pode ser considerada a estrutura básica do "sexto sentido", resultado do objeto de percepção dos cinco sentidos (visão, olfato, audição, gustação e tato).

A Mente é o ponto inicial e a origem de toda paixão e impulso do homem no Mundo dos Desejos.

Se for trilhado com firmeza, o homem pode atingir elevada percepção e sensibilidade que determinam um estado mais evoluído e ideal, no mundo da Não-Forma.

Mas existe um propósito na natureza que modela todos os processos de transformação, a partir das etapas de nascimento, crescimento, desenvolvimento, amadurecimento e envelhecimento, que é a ordem natural que existe no Universo.

Onde se localiza a energia da Vida, está essa força que os antigos chineses chamam de "Qui" ou "Ch'i".

Essa poderosa força que pode modificar, evoluir e transformar todos os processos da natureza, chamamos de Consciência, ou Ch'an.

O mundo inteiro é um organismo vivo e assim existe consciência no mundo mineral, no vegetal e no animal e é claro, no ser humano.

Nós compartilhamos da manifestação dessa consciência em diversos níveis.

Quando você bebe chá, toma um medicamento ou ingere algum alimento, seu estômago sabe exatamente o que é necessário absorver, o que é necessário triturar e conduzir adiante.

São diferentes estágios de manifestação fisiológica e de manifestação da consciência, que se forem interpretados, em termos simplesmente mecanicistas, ou cartesianos, não funcionam.

Essa sinergia de força entre órgãos internos e matéria externa é o "Ch'i", ao passo que a Consciência, sua manifestação, é o "Ch'an", no "mundo invisível".

Tudo o que diz respeito à vida é a manifestação da consciência, da Espiritualidade.

A consciência, às vezes, é difícil de ser compreendida, pois cada momento sucessivo da nossa percepção é moldado pelo pensamento anterior e em conseqüência, determina o comportamento seguinte.

Quando pensamentos voltados para o futuro nos dominam, projetamos expectativas incontroláveis que assumem as rédeas do nosso fazer cotidiano

A Mente vazia e alerta é o único elo que mantém a continuidade da consciência do vazio e portanto a sua evolução.

Num estado de Mente vazia e alerta é que entramos no processo de pensar e criar, sem ficarmos amarrados em pensamentos inúteis.

Ter pensamentos significa ocupar-se com objetos mentais, como ilusões, fantasias, sonhos e expectativas, que nos dominam (mundo dos desejos) e que nos levam à dor da frustração e nos distanciam da nossa verdadeira consciência.

Muitas pessoas são bem treinadas para a vida, investindo com sacrifício em anos de estudo, almejando por um diploma universitário, por uma pós-graduação, batalhando um emprego, trabalhando arduamente para obter uma casa, um carro, um bem de consumo, gastando tempo pensando "de onde vem e para onde vai" seu dinheiro, preocupando-se com a família e com os filhos para criar.

Esses são sentimentos importantes e tornam-se norma social, mas na maioria dos casos, significam desejo de *status* e desejo de consumo, visando exclusivamente o sucesso material.

Freqüentemente esquecemos que estamos vivos e quando esquecemos disso, deixamos de viver o Aqui e o Agora.

Com isso, não desfrutamos da vida a cada momento.

Passamos por cima dos nossos companheiros de jornada e corremos atrás, incessantemente, de objetivos sem valor.

Perseguindo apenas melhores condições de consumo, lamentamos as perdas do passado e vivemos apenas de expectativas e preocupações, não conseguindo transcender os sentimentos mais primitivos.

Ch'an chinês provoca um estado de rompimento das paixões, aflições e agitações primitivas (FanNao), tornando a pessoa perspicaz e desprendida, o que vem a ser a própria sabedoria intuitiva (Prajna).

A sabedoria é o infinito, não há como descrevê-la com palavras, entretanto ela pode produzir efeitos espetaculares na nossa vida.

Apesar dos estilos diferentes, do Ch'an chinês e do Dhyana indiano, essas práticas mantêm uma relação bastante estreita, pois sem atingir o Samadhi é difícil alcançar o estado de Iluminação que os chineses propõem.

Apesar de poucas pessoas atingirem o Caminho do Meio sem esse treinamento profundo, a grande maioria precisa começar com o condicionamento da Mente, vivenciando todas as práticas e todas as disciplinas.

Uma das reações mais comuns na Meditação Ch'an é quando o Meditante se prende aos encantos da Mente não dispersiva.

Não devemos nos apegar a este estágio da Meditação.

Devemos buscar treinamento para nos libertar de todas as cargas, sofrimentos e preconceitos, do apego à realidade.

Devemos buscar a Mente esvaziada de qualquer emoção e sentimento.

A Mente totalmente alerta, que gera a obtenção da sabedoria superior, isso tudo é o Ch'an chinês que se enriqueceu absorvendo toda sabedoria do Taoísmo e Confucionismo que já existiam naquela época.

Através do próprio Samadhi se libertar do Samadhi, penetrar no campo da sabedoria suprema, além da Consciência e Não Consciência.

Quem não ultrapassar o nível de Samadhi, não penetrará na essência da perfeição da sabedoria intuitiva, do Ch'an chinês.

CH'AN E A ARTE DO CONTROLE E APERFEIÇOAMENTO DA MENTE (SHIOUHSING)

Três reflexões por dia

"ShiouHsing" é uma palavra muito usada desde a antiguidade, na China feudal, quando se praticava arte marcial, pintura e escultura, como formas de treinamento, para evolução espiritual, não importando qual a crença envolvida.

Como essas práticas eram realizadas, freqüentemente, nos templos budistas, isolados dos grandes centros urbanos, ficou a impressão de que ShiouHsing é praticado longe do mundo materialista, como o cinema romântico exibe.

Shiou o que mesmo?

Na verdade, a palavra ShiouHsing tem origem no pensamento budista e tem como filosofia a prática realizada no cotidiano, no dia-a-dia.

É na dificuldade do mundo real, de todo dia, que se pratica o Caminho da Iluminação.

Quando a parede da casa fica suja, é preciso pintá-la, quando quebra a telha, é preciso trocá-la, quando a pia tem vazamento, é preciso consertá-la.

Do mesmo modo, se não cuidamos das nossas atividades fisiológicas e psicológicas, entramos em desarmonia e atraímos sofrimento.

É aí que entra Shiou, o reparo e o conserto constante na nossa personalidade.

O grande filósofo ChungTse diz:

"Para cada dia vivido devemos ter três reflexões."

Fazendo reflexões diárias sobre o nosso comportamento, mesmo tendo cometido erros, será fácil corrigi-los.

Por isso precisamos estar atentos às nossas atividades do

cotidiano, investigando a partir da nossa própria experiência da realidade, o fenômeno da transitoriedade.

Hsing significa "forma de ser" e também significa o Método, o Caminho.

Assim, ShiouHsing é uma disciplina extraordinária de treinamento para a compreensão da nossa existência, buscando o caminho da evolução espiritual.

Quando a maturidade de ShiouHsing é alcançada mediante treinamento diligente, penetra-se na esfera do Ch'an e seu veículo é através do *insight* ou "Wuo", que significa, o despertar, o pensamento puro e perspicaz.

Assim, através de cada Wuo, nos aprofundamos ainda mais no Ch'an, evoluindo como pessoa humana, rica em espiritualidade.

CH'AN E FANNAO

Ser ou ter, eis a questão

O espírito só existe por causa da matéria;
A matéria só existe por causa do espírito.
Saiba que os dois, Yin e Yang, Ying e Uen (YingUen)
São originalmente do vazio, do Ch'an.
No Ch'an os dois são iguais,
Não existe um, dois, nem três...
Certo e errado apenas um intervalo, do vazio
Contêm todo o fenômeno e manifestação

MESTRE NORG FANG LIAN

A frase do Mestre Norg descreve a Mente não discriminativa, na qual há uma discriminação evidente sobre a não existência do um, dois, três.

Na prática do ShiouHsing, à medida em que você encontra coisas negativas em si mesmo, mais clara ficará a direção do caminho a percorrer.

Mas o que são essas coisas negativas?

Saber da sua identidade, compreender seu Self, saber sobre si mesmo.

Como entender a si mesmo?

De que forma?

Você é o que está na carteira de identidade, no título do clube, no cônjuge, nos filhos, no cachorro, na casa, no carro?

Esta é apenas uma das formas de se avaliar, superficialmente, na aparência.

Para compreender o *Self* precisamos separar o limite entre o seu Eu e as posses do seu Eu.

Não importa se é seu corpo físico, sua aparência, posição social, cargos, bens, família, filhos. Tudo é posse. "Minha" casa, "meu" carro, "meu" cônjuge, "meus" filhos, "meu" cargo, são apenas pertences, atributos do EU.

Certamente já ouviram frases como "Meu filho é a coisa mais importante da minha vida" ou "Tudo que eu tenho é graças ao bom Deus".

Parece que o verbo "ter" é mais importante que seu próprio "ser".

No mundo materialista os verbos "ter" e "possuir" ocupam o lugar do "ser".

Para compreender sua verdadeira essência, é preciso admitir que existe outro Eu dentro de você, o Self, que está presente nos seus olhos, boca, nariz, ouvidos, pele.

Mas na maioria das vezes não percebemos ou não queremos perceber sua presença, pois corremos atrás da fama e fortuna.

"Possuir" é o lema principal, "ser" e "tornar-se", é secundário.

Como você consegue amparar o sofrimento de alguém, se você não está em harmonia consigo mesmo, em primeiro lugar? Esse *Self* é o espírito, o espírito que deverá nos conduzir à nossa evolução, ao ShiouHsing.

O indivíduo que jamais experimentou a prática da Meditação ou o estado meditativo, nunca saberá da existência do Self, do seu outro Eu, pois é incapaz de olhar para dentro de si e aceitar o outro lado da moeda.

Aflições e angústias (FanNao) assumem proporções gigantescas na nossa Mente, criando sofrimentos e depressão, fundamentadas na posse, no ter e no possuir, daí então surge o medo, o medo de perdas.

Quando você diz "sou um pai maravilhoso" ou "sou rico e próspero" você está um pouco mais livre do peso das suas posses, mas não totalmente livre de suas ansiedades.

Mesmo o Ch'an, pelo simples fato de a reflexão já ser a raiz do FanNao, lembra a discriminação da Mente na frase "Não existe um, dois, nem três..."

Discriminando os verbos "possuir" e "ter" também caímos

no outro extremo e acabamos fugindo da realidade concreta. Mas então não há saída?

Desapego!

Desprendimento, é o caminho do ShiouHsing, a transcendência do ter e ser, da dualidade, dos preconceitos.

A saída é o Caminho do Meio, mas não é a metade entre duas distâncias, é o estado do vazio.

É do vazio da vacuidade que brotam a criação e a existência, este é o verdadeiro "Meio".

A SENHORA CHORONA
Tudo depende da ótica

No conto Ch'an, havia uma senhora idosa que chorava o tempo todo.

Sua filha mais velha era casada com um comerciante de guarda-chuvas, enquanto a filha mais jovem era esposa de um vendedor de talharim.

Nos dias ensolarados, a velha senhora preocupava-se:

"Oh! não. O clima está tão agradável e ensolarado. Ninguém vai comprar guarda-chuvas. O que acontecerá se a loja de minha filha fechar?"

Tais preocupações a entristeciam.

Simplesmente não conseguia parar de chorar.

Quando chovia, por outro lado, lamuriava por sua filha mais jovem, pensando:

"Oh! não. Minha filha mais jovem é casada com um vendedor de talharim. Não é possível secar o talharim sem sol. Agora não haverá talharins para vender. O que faremos?"

O resultado é que a velha senhora vivia todos os seus dias em conflito.

Se fazia dia de sol ou de chuva, ela lamentava-se por uma de suas filhas.

Seus vizinhos, jocosamente, a chamavam de "senhora chorona".

Um dia, conheceu um monge, que sentia muita curiosidade sobre o motivo das suas lágrimas.

A velha senhora explicou-lhe seu dilema.

O monge sorriu ternamente, dizendo:

"Senhora! Não é necessário se preocupar mais. Eu lhe mostrarei o caminho para a felicidade e nunca mais precisará se lamentar."

A velha senhora sentiu-se muito excitada a respeito.

Pediu para que o monge lhe mostrasse imediatamente o que fazer.

O Mestre respondeu:

"É muito simples. A senhora apenas precisa mudar sua perspectiva. Nos dias ensolarados não pense que sua filha mais velha não venderá guarda-chuvas, mas sim que a filha mais jovem secará os talharins. Através da luz do sol, será capaz de produzir grandes quantidades de talharim e suas vendas serão excelentes. Em dias de chuva, por outro lado, pense na loja de guarda-chuvas de sua filha mais velha. Com a chuva, todos comprarão guarda-chuvas. Ela venderá grande quantidade e sua loja prosperará."

A velha senhora enxergou a luz.

Seguiu a instrução do monge.

Após certo tempo, não mais chorou, ao contrário, sorria todos os dias.

A partir de então passou a ser conhecida como "a senhora sorridente".

Quando temos preocupações e problemas, se formos capazes de imitar a "senhora chorona" mudando um pouco nossa perspectiva, seremos capazes de transformar as preocupações e os problemas em felicidade e fortuna.

Isto não requer poder mágico.

Se pudermos compreender o maravilhoso Ch'an e pudermos aplicá-lo efetivamente durante os momentos importantes de nossas vidas e todos os instantes do nosso viver, seremos capazes de inovar nossa compreensão.

Transformaremos a tolice em sabedoria e a ignorância em iluminação.

Estar apto e pronto para tudo que der e vier é um estado mental bastante avançado e evoluído, mas para compreender e atingir este nível, é preciso ser treinado no Ch'an.

Na iluminação da trilha escura do nosso *Self* que conduz à vacuidade de todas as formas é que surge o Caminho do Meio.

A Meditação Ch'an significa iluminar a trilha escura.

Talvez em cada sessão de Meditação a luz permaneça por um único e breve instante, mas esse *flash* é suficientemente forte para que você enxergue pelo menos parte de seus problemas.

É como numa noite de chuva, num hotel, num lugar estranho e você acorda num quarto escuro e nem sequer sabe onde fica o interruptor da luz. Se você levantar, corre o risco de tropeçar em alguma mobília e se machucar, mas neste instante você vê um relâmpago, só por um instante, mas já é suficiente para você se orientar na direção do quarto.

Praticando Meditação gradualmente, você será capaz de dizer exatamente *onde está* seu Eu egoísta (UoTziou), aquele que tem necessidade absoluta de "possuir" e "ter" e *onde não estão* esses pensamentos egóicos.

Quanto maior a sua sabedoria intuitiva (Phei ou Prajna), menor será a possibilidade de pisar no terreno escorregadio desses Egos.

À medida que você descobre seus próprios problemas, um sentimento de rancor e impaciência crescerá e vai tentar criar dificuldades.

É como se depois de ter, acidentalmente, lascado um vaso, você o jogasse propositadamente no chão, transformando-o em pedaços, apenas com o intuito de não se torturar ou se castigar cada vez que enxergar a imperfeição da falha provocada por você.

Cada sessão de Meditação é como fazer obras de reparo na fiação e no encanamento de casa.

Quando há um problema na parte hidráulica e elétrica, eletricistas e encanadores quebram a parede a fim de consertar os fios e os canos que estão com defeito.

Depois que terminam o serviço, rebocam e pintam novamente a parede, assim tudo volta a ficar da mesma maneira que estava anteriormente.

Da mesma forma, para procedermos aos nossos próprios reparos, temos que "quebrar" a nossa parede e "desarrumar" as coisas, temporariamente.

A descoberta de problemas, na prática do Ch'an, é muito útil, porém, será que tais problemas existem de fato?

Sim, os sofrimentos da Meditação são reais, as pernas doem, apresentam formigamento e amortecimento.

Você fica cansado e sente desconforto, sua Mente divaga, o pensamento voa, mas você continua sentado, se esforçando para atingir a concentração da Mente.

Você tem que treinar a sua Mente a olhar para a não existência a partir do ponto de vista da existência.

A incapacidade de concentrar-se no método e na postura, depois de um dia exaustivo de trabalho, os inúmeros compromissos, a dor nas pernas e na coluna, tudo é real.

Mas antes de meditar, porém, suas pernas não doíam, não é?

A partir da prática elas doem mas, por outro lado, ao estirá-las, a dor desaparece.

Assim, ao experimentar a dor durante a Meditação, você deve lembrar que ela não tem existência verdadeira e também não é permanente, pois se existisse de fato, sentiria a dor, mesmo antes de começar a meditar.

Mesmo que seja impossível se concentrar, essa incapacidade não vai durar para sempre.

Você tem medo de escuridão?

Pelo menos por um momento, por menor que seja, você verá, certamente, um lampejo de luz, um *flash*, ou seja, terá um *insight*.

Perceberá um brilho de relâmpago numa noite escura de chuva sem fim.

Ao utilizar nosso método de Meditação Ch'an (linha Ling-

Chi) mesmo que por pouco tempo, você perceberá que seus pensamentos confusos não têm existência verdadeira, que eles são transitórios e mutáveis.

Por isso não fique apreensivo, apenas reconheça que esses pensamentos difusos, apesar de serem a raiz do FanNao, fazem parte de um estado temporário.

Por outro lado, o fato de conseguir sucesso na focalização do método e concentração significa que essa Mente é real?

É claro que não, pois se a Mente estivesse verdadeiramente concentrada, não poderia tornar-se difusa novamente.

No Ch'an consideramos que estes dois tipos de pensamentos — difuso e concentrado — são irreais, isto é, significa que no princípio não havia Mente, ou seja, a existência da "Mente" é produto do próprio Ego pensante.

Uma vez despreocupado, confiante de que a Mente do Ego não existe, você irá fortalecer seu Self, concentrando-se, na sua prática de ShiouHsing.

Mesmo que você não tenha conseguido alcançar o estado de Mente vazia absoluto, você deve continuar praticando a técnica sem ansiedade.

Quando ocorre um pequeno retrocesso, não significa que a prática meditativa tenha falhado, talvez, o momento adequado ainda não tenha surgido.

Se ao escalar uma montanha, você chegar apenas na metade do caminho, ninguém dirá que falhou, é preciso que continue escalando até o alto e sem esquecer de observar as flores, riachos e borboletas nas trilhas que o levam ao topo da montanha.

Uma vez estávamos em um carro, subindo a serra para

Campos de Jordão, depois de duas horas, perguntei ao meu amigo que estava no volante:

"O que está acontecendo? Parece que não estamos chegando a nenhum lugar!"

Ele respondeu:

"Na verdade já alcançamos o topo, demoramos porque a subida é muito lenta e a estrada estava muito congestionada."

Assim também acontece com a prática de Meditação, muitas vezes parece que estamos estagnados e nada acontece...

O PONTO DE VISTA DA VACUIDADE
A diferença consiste entre uma flechada e outra

Numa manhã de inverno, você abre a janela do seu quarto e recebe os raios dourados de sol no seu rosto e percebe o céu azul sem nuvens, num silêncio e numa paz profundos e diz:

"Que lindo dia!", você não conteve a emoção da plenitude, isto é a descrição de uma sensação.

Mas no "corre-corre" do ônibus ou metrô, no cotidiano, quando alguém pisa no seu calo, a dor lancinante que toma conta de você também é uma sensação.

Uma pessoa comum e uma pessoa Meditante têm sensações diferentes?

Não, mas a diferença consiste na resposta de uma e da outra.

Imagine o pisão no calo de uma pessoa comum, não Meditante.

Certamente a sua primeira reação seria de dor, a segunda de raiva e finalmente a explosão de diversos xingamentos.

Essa mesma pessoa comum, não Meditante, faz um passeio no parque e vendo lindas flores, depois de admirá-las, as arranca do jardim e as leva para sua casa.

Essa é a reação, em cadeia, do comportamento que ocorre na Mente de uma pessoa que não pratica ShiouHsing.

As pessoas que praticam ShiouHsing, quando vêem uma

paisagem bonita, apenas a contemplam, quando estão com dor apenas gritam, denunciando sua dor e pronto.

Mas só essa pequena diferença de comportamento gera uma distância gigantesca como a distância entre o céu e a terra. Existem milhares de quilômetros separando o estado meditativo do estado dispersivo.

Assim como as pessoas comuns, o Meditante também sofre como qualquer um, mas a diferença é que ele sofre uma vez só, como se tivesse levado uma flechada, mas só uma...

A maioria das pessoas recebe o primeiro golpe, deixa a segunda flecha o atingir outra vez e finalmente a terceira flechada.

Um Meditante quando vê um automóvel raro, apenas contempla a sua beleza, mas a pessoa comum deixa a imaginação decolar:

"Se eu tivesse esse carro, passearia com a minha amada, me exibiria na cidade inteira!"

Você já contou quantas flechadas o atingiram, ao deixar a imaginação tomar conta da sua vida?

Por isso, a propaganda e a publicidade são uma tentação para muita gente, elas são altamente sedutoras, porque há uma Mente egocêntrica a ser seduzida.

A ESTRADA LAMACENTA E A MOÇA BONITA
Belas mulheres que iluminam (ou atormentam) a vida dos homens

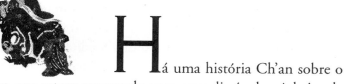

Há uma história Ch'an sobre o Mestre que estava passeando com seus discípulos, à beira de uma estrada lamacenta, falando dos preceitos a serem seguidos pelos monges que praticam ShiouHsing.

A certa altura da caminhada encontraram uma bela e elegante moça com seus trajes tradicionais e ela encontrava dificuldade para atravessar a estrada cheia de barro.

O Mestre percebendo a dificuldade dela, imediatamente se ofereceu para ajudá-la e sem esperar resposta a colocou no colo e a transportou para o lado seco da estrada.

Houve um silêncio geral no grupo e mais tarde após as obrigações noturnas do templo, os discípulos não se contiveram mais e perguntaram ao Mestre o motivo da transgressão e da proximidade com o sexo oposto, contrariando os ensinamentos.

Então o Mestre, respondeu assim:
"Vocês ainda estão carregando a moça no colo?"

Sim, como qualquer pessoa comum, o Mestre recebeu a primeira flechada, mas só uma, enquanto os discípulos receberam a primeira, a segunda, a terceira.

Um monge ShiouHsing, por exemplo, não pode dizer que as mulheres não existem, só porque não pode manter algum relacionamento com elas.

Há uma história que foi escrita por um grande literato chinês que conta a história de um monge peregrino que praticava ShiouHsing e era mantido por uma senhora idosa, admiradora da Meditação Ch'an.

Ela lhe propiciava alimentação e moradia numa pequena cabana na floresta.

Entretanto a senhora tratava o monge de uma forma muito estranha, pois ela contratava moças para servi-lo às refeições, como uma forma de testar sua concentração.

Após três anos de dedicação, ela decidiu que chegara a hora de provar o ShiouHsing do jovem e para isso instruiu uma bela moça que além de servi-lo às refeições, o abraçaria e o seduziria com a finalidade de observar a reação do jovem monge e testar o nível de sua prática.

Houve um tumulto inicial no qual o jovem monge rejeitou a moça como se fosse uma víbora, pedindo o perdão de Buda na sua misericórdia e compaixão e além de ter repelido a invasora da cabana, recitou a seguinte poesia:

"No frio do inverno na montanha, madeira seca sobre a rocha fria [o que significa na prática de ShiouHsing, que as emoções e desejos não são mais nada, apenas coisas mundanas], seu amor e paixão por mim, já não sinto mais, no meu coração já não existe mais calor, apenas como no frio da montanha, cheia de gelo e neve, as coisas mundanas não me atingem mais."

Após ouvir essas palavras da moça, a velha senhora ficou decepcionada e desolada por ter sustentado o monge durante tantos anos e ele ainda não ter atingido a sabedoria do Ch'an.

No dia seguinte a anciã expulsou o jovem monge do local que tinha sido construído, especialmente, para sua prática meditativa, dizendo, antes de queimar a cabana:

"O tempo todo eu pensei que você fosse um homem de Ch'an!"

Talvez esse monge tivesse alcançado um nível profundo na sua prática, mas ainda não havia compreendido o verdadeiro Ch'an.

Preso à vacuidade da Meditação, negou-se à existência da vida e da emoção.

Ele não teve a coragem para receber a primeira flechada, talvez tenha negado a existência da pessoa que lhe serviu as refeições, quem sabe ele não admitiu a beleza da moça, com medo da sedução?

Após ser expulso pela sua benfeitora, o jovem monge ficou ressentido e procurou outro local para se aprofundar na prática de ShiouHsing.

Anos se passaram, até que um dia, já mais amadurecido, o monge voltou a procurar a velha senhora pedindo mais três anos de sua proteção.

Admirada pela sua coragem e determinação, a velha senhora o aceitou de volta e novamente mandou construir uma nova cabana para sua prática.

Numa noite de chuva quando a bela moça ia novamente abraçá-lo e beijá-lo após o chá noturno, o monge antecipou a ação da moça e abraçou-a abruptamente.

Pensando que seria violentada, a moça fugiu apavorada.

Assim que soube do acontecido a anciã ficou bastante satisfeita e pensou:

"Finalmente ele iluminou-se e meus esforços não foram em vão."

Mas que história estranha é essa, onde parece que tudo acontece ao contrário?

Na verdade, na primeira parte, nosso jovem monge guardou ainda a diferença entre homem e mulher, a atuação do sexo oposto, seus desejos e paixões.

Com medo dos próprios instintos, sentimento de culpa e a luta interna para reprimi-los, fez a comparação com a natureza morta de inverno.

Na segunda vez, já tendo ultrapassado o estado de medo e culpa, não somente percebeu, como recebeu de peito aberto a flecha venenosa disparada contra ele, invertendo assim a posição de observado para observador.

Na verdade, ele não estava abraçando uma mulher, mas acima de tudo um ser humano, como qualquer outro ser vivo, dotado de inteligência e natureza búdica.

Sua Mente estava limpa e calma, não contendo mais desejo e impulso primitivo de posse e conquista de outro ser.

Mas desse jeito o monge não perdeu o sentimento e a emoção que qualquer ser humano deve ter?

Não há mais vida nele?

As suas afeições e sentimentos, na verdade, evoluíram para um plano muito mais elevado, no qual não há mais expectativa, nem desejo de posse.

O seu nível de amor é tão puro que se transforma em compaixão.

A maior dor e sofrimento humanos, do FanNao é a falta de amor, que o transforma em ciúmes, ira e mágoa.

É a cobrança do amor que transforma esse sentimento tão nobre em algo tão vulgar, que gera tanta dor ao ser humano.

Quando o jovem monge foi abraçado, pela primeira vez, pela moça, estava carregado desse amor, mas era um amor primitivo cheio de instinto e desejo.

Na segunda vez ele a abraçou, mas já estava com o coração puro, sem remorso, nem desejo, esse é o Ch'an.

Muitas vezes durante a Meditação, você alcança um tal estado em que não percebe mais o sabor da comida, não repara onde está pisando, para onde a vida está lhe levando e nem mesmo reconhece o indivíduo que está vendo.

Nesta fase, seu corpo segue a rotina normal, mas sua Mente está totalmente absorvida no método de ShiouHsing, você está penetrando numa grande sensação de vazio, que é o estado meditativo, onde se inicia a purificação de sentimentos.

No estado meditativo há um profundo desprendimento e interação com seu Self.

Alguém está meditando, superficialmente, num jardim e cai uma pétala de flor, quanto mais a pessoa observa a pétala, mais a pétala se agarra no seu coração.

Ao passo que quem pratica ShiouHsing, trilhando o caminho de "bodhisattva", a pétala apenas o toca e vai embora, seguindo seu caminho natural.

O PREÇO DO DESEJO
Proposta indecente de um dólar

Há uma história de quatro rapazes que foram a um cabaré em Hong Kong onde se apresentava uma bailarina famosa.

Durante o show, por causa das cenas eróticas, um dos rapazes fechou os olhos.

Após a apresentação, a bailarina foi receber, de mesa em mesa, notas de um dólar em sua tanga.

Esse rapaz simplesmente negou-se a dar gorjeta à moça, dizendo:

"Não assisti seu show e não lhe devo nada!" e a bailarina então retrucou:

"Você deveria dar o dobro da gorjeta, pois apesar dos seus olhos estarem fechados, seu Coração e sua Mente estavam ocupados com todo tipo de fantasia erótica, seu desejo me inspecionou a noite inteira."

A Mente Ch'an não foge do mundo e muito menos dos prazeres do mundo materialista, mas está totalmente desprendida desse peso.

Isto é o caminho espiritual, do ShiouHsing, que exige treinamento e dedicação do seu Self, caso contrário você pode cair na armadilha da libertinagem.

Antes disso, quando sua Mente ainda estiver difusa, aconselhamos que se concentre cuidadosamente em tudo que faz, mantendo consciência total em toda ação.

Ao estar completamente desprendido, você pode passar, sem perceber, para o próximo estágio, no qual você perde a consciência do seu corpo, que apesar de tudo continua a funcionar de forma suave e automática.

Quando você estiver comendo, você estará simplesmente comendo.

Quando estiver dormindo, estará simplesmente dormindo.

Nada mais, nada menos.

Nesse momento, embora praticando muito bem, você não mais pensará na prática em si.

Esta é a verdadeira existência da vacuidade.

Quer dizer, você sente que nada existe, mas sua Mente está realmente lá, trabalhando no método de ShiouHsing e nessa fase, praticamente, todo FanNao desaparece.

As pessoas que alcançam a Iluminação passam a olhar a existência a partir do ponto de vista da vacuidade?

Certa vez um discípulo indagou ao seu Mestre Ch'an:

"Se várias desgraças surgissem, de uma só vez, diante de seus olhos, o que o senhor faria?"

O Mestre respondeu:

"O vermelho não é branco e o verde não é amarelo, seja o que for, é o que é!"

Mas será dessa forma que as pessoas vêem as coisas?

Quando você percebe um problema, não será para buscar uma solução?

E o que for insolúvel, você jamais verá.

Falamos da vacuidade, do ponto de vista da existência e através da existência, o ponto de vista da vacuidade.

A existência e o vazio existem e não existem.

Você compreendeu?

Não se preocupe.

Caso tivesse alcançado a verdadeira compreensão, já estaria Iluminado, livre de FanNao e não estaria lendo esse livro.

正定

CONTROVÉRSIAS DA MEDITAÇÃO
Tirando a limpo

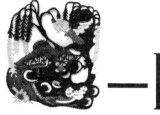

— *Meditar é uma maneira de fugir da pressão do dia-a-dia?*

A Meditação é uma experiência de viver a vida na sua plenitude, não importando se é dolorosa ou prazerosa.

É abraçar a realidade e mergulhar profundamente no ato de viver, rompendo a barreira dos desejos materialistas.

A Meditação Ch'an é um treinamento com a finalidade de absorver a realidade, as dificuldades e o estresse do dia-a-dia, vivenciando plenamente a vida, tentando resolver seus problemas.

Ch'an não é uma tentativa de fuga da pressão do cotidiano, nem de disfarçar as dificuldades que surgem, é um aprendizado, um ShiouHsing, de observar como nosso comportamento reage a obstáculos e como somos, aceitando-nos para fazermos a transformação definitiva.

— *Meditar é só para religiosos? Meditar é religião?*

— Meditação não é religião, nem é só para religiosos, mas a figura do Mestre no Oriente é muito comum entre os monges ou sábios e eles são muito reverenciados por serem representantes de instituições, templos ou escolas de artes marciais, de pintura, escultura, e de filosofia.

— Sobretudo no costume oriental, a imagem de Mestre, Shih-Fu, é de alguém que apenas indica o caminho que você deve seguir e não a figura de pai bondoso que lhe dá conforto e proteção.

— *A Meditação é perigosa?*
— Tudo na vida é perigoso e cheio de riscos.
— Viver é perigoso.

– Dirigir na rua, voar de avião, viajar no mar é arriscado. Mesmo em casa você pode tropeçar e cair.

– Tudo na vida envolve riscos, de sincronismo condicional e causa e efeito, o YingUen.

Muitas vezes emoções encobertas por muitos anos podem provocar o medo de perder o controle, incapacidade de se defender, mudar drasticamente o rumo da nossa vida.

O Ch'an é um processo suave e gradual que corrige devagar o rumo da nossa vida, que traz conscientização sobre nossa verdadeira natureza e realidade.

Entretanto, se quisermos acelerar o processo de transformação é conveniente buscar orientação individual.

– A Meditação pode aumentar nosso poder psíquico?

Depende; o caminho de Ch'an leva à evolução da Mente, à conscientização da Vacuidade.

A meta não é ler pensamentos dos outros, nem levitar ou fazer previsões, mas sim a libertação do sofrimento humano.

O que ocorre é que há estágios de evolução na Meditação.

Num determinado estágio do Ch'an podem ocorrer "fenômenos", ou seja, qual for a manifestação, ela representa habilidades e potencialidades psíquicas.

Não devemos nos orgulhar dessas habilidades, pois esses fenômenos podem ser sedutores e perigosos para os iniciantes.

Esses fenômenos tornam-se incontroláveis para o Ego e o melhor é não dar importância, com o tempo e treinamento eles desaparecem.

Talvez um dia o Meditante queira realmente desenvolver poderes psíquicos, mas para que isso aconteça ele precisa se aprofundar no estágio de Ch'an em que não padece mais do mundo dos "desejos" e das "formas".

Nesta fase mais adiantada, o Meditante poderá manipular esses poderes, sem dispersar sua concentração, ou confundir sua vida.

O mais importante é se concentrar profundamente na prática do Ch'an, no ShiouHsing.

Quando aparecerem vozes, imagens, visões ou qualquer tipo de epifania deixe que desapareçam por si só, apenas contemple as nuvens do céu, não se deixe seduzir.

– Meditação é uma técnica de relaxamento?

Uma das conseqüências da Meditação Ch'an é um estado de relaxamento e tranqüilidade da Mente.

O relaxamento das tensões do cotidiano, a dissolução do estresse e das mágoas do nosso coração são resultados perceptíveis.

Mas a proposta do Ch'an vai mais além.

Ch'an é Iluminação, a compreensão da vacuidade, a libertação do Ego.

É o caminho da interiorização, da atentividade.

Na realidade, há procedimentos de relaxamento que enfocam a concentração da Mente e a conduzem a repousar num objeto, numa imagem ou num tipo de pensamento.

Se a prática for adequada, o Meditante consegue tranqüilidade e paz interior muito grande, podendo atingir o êxtase.

É por aqui que a maioria dos outros sistemas ou técnicas estacionam e não avançam mais.

– Meditação é entrar em transe?

Talvez em outros tipos de Meditação, mas não se aplica à Meditação Ch'an, ao treinamento Ch'an, ao ShiouHsing.

É uma interiorização, uma focalização para dentro do nosso Self, por isso não é hipnose, nem obliteração da Mente, muito menos dispersão dos sentidos.

No ShiouHsing nossa consciência se torna mais nítida e límpida, temos maior controle sobre as alterações emocionais do dia-a-dia, nos tornamos mais precisos e perspicazes.

Na auto-sugestão ou hipnose, a pessoa está sob controle do outro, e como no Ch'an ocorre uma profunda observação da *Self* Referência, a pessoa fica sob seu próprio controle, em estado de Kuang (atentividade – *mindfullness*).

Entretanto, se durante a Meditação você perder o controle ou os sentidos, é porque não está treinando de acordo com a definição do sistema Ch'an.

Ch'an é o cultivo da atentividade e da observação da própria interiorização.

– *Meditação Ch'an é incompreensível?*
Depende do ângulo de visão.

Numa postura de Objeto Referência, usando o raciocínio lógico-matemático, o Ch'an é ininteligível.

Mas sob a ótica mais profunda de raciocínio *Self* Referência, de uma forma mais intuitiva, Ch'an é fácil de ser transmitido, pois existe a comunicação que não usa palavras.

Comunicação de Mente para Mente, de coração para coração.

Imagine um atleta que jamais conseguirá explicar o funcionamento dos seus músculos, tendões, fibras nervosas e sobretudo explicar com palavras a sua habilidade.

Não dá para ensinar a nadar fora da água, andar de bicicleta sem bicicleta.

Da mesma forma, a Meditação tem de ser aprendida praticando, é uma experiência do nosso Self.

– *Meditação pode criar dependência?*
Muitas vezes a Meditação Ch'an produz sensações maravilhosas, mas esse não é o objetivo do Ch'an.

No Ch'an, se você medita com esse objetivo, provavelmente, não será beneficiado com a verdadeira sabedoria intuitiva.

O fato de sentar-se para meditar já é um objetivo.

A busca da sensação de fascínio, paranormalidade, relaxamento, induz ao estresse no processo de concentração mental e conseqüentemente, prejudica a evolução do nosso Self.

A busca de euforia e encanto, por muitos Meditantes, acaba tornando-os mais materialistas e rígidos, na concepção de vida, e acaba por transformar a Meditação em crendice, esoterismo ou misticismo vulgar.

Isto sim, pode criar a dependência do Ego, principalmente, para subjugar os outros.

— Meditação significa isolamento, afastar-se do mundo materialista?

Aparentemente o Meditante está isolado, passando horas sozinho, ele e sua almofadinha, fugindo da realidade.

Será que ele não deveria estar fazendo obras de caridade, ajudando vítimas de guerra, vítimas de fome e vítimas do capitalismo selvagem, não deveria estar cuidando dos velhos e das crianças abandonadas?

O Meditante não está isolado e nem quer fugir do mundo materialista.

Ele está motivado pelo ShiouHsing, sua vontade é Mahayana, o grande Veículo de travessia do sofrimento humano.

Mas, antes de partir para obras sociais ou ajudar o próximo, o Meditante precisa controlar seu Ego, assim as suas atitudes não se transformarão em ampliação do próprio prestígio e poder do Objeto Referência em ação.

O propósito do Meditante é dissolver da sua Mente sentimentos difíceis como: desejo, rancor, impulso, preconceito, mágoa, lassidão.

Ele deve trabalhar duro na Meditação para conseguir abandonar a cobiça, insensibilidade e medo.

Enquanto não se desprender desses sentimentos primitivos, os empreendimentos feitos para os outros, muitas vezes, se transformam em negócio próprio.

Na Segunda Guerra, os nazistas imaginavam ter a mais "sublime" missão de defender sua pátria e sua "convicção ideológica" e por isso as execuções e saques contra o povo judeu tiveram toda tolerância e imparcialidade da nação germânica.

– Meditação favorece nobreza de pensamento e atitude sublime?

Não, a Meditação Ch'an não traz nenhum tipo de pensamento nobre ou sublime, Ch'an é a própria nobreza.

Existem alguns sistemas de Meditação de contemplação que focalizam a nobreza de atitude e nobreza de espírito como objetivo.

Na linhagem Ch'an, a nobreza de espírito e atitude são apenas o meio, não são finalidade.

Não podemos evitar que esses pensamentos apareçam, mas também não podemos nos apegar a eles.

Ch'an é prática, é ShiouHsing, apenas isso, nada mais.

– Em quanto tempo posso sentir os efeitos da Meditação? Uma semana de prática resolve?

Sendo médicos, infelizmente temos que dizer que a Meditação não é remédio.

Você pode sentir as mudanças e transformações em pouco tempo de prática, mas a energia e potencialidade que realmente vai despertar dentro de você, pode demorar a vir.

Na natureza, todos os processos ou acontecimentos seguem uma ordem natural, ninguém se transforma de criança para adulto, da noite para o dia.

Em cada sessão, os resultados são quase invisíveis, a mudança dentro da sua Mente é minúscula e só aparece muito tempo depois, quando solicitada.

Se você pratica a Meditação buscando transformação imediata, jamais sentirá a mudança, pois as respostas da Meditação são sutis.

Com perseverança e determinação você consegue abrir a porta da sabedoria dentro de você, aliás a expressão "paciência oriental" é a chave desta porta.

Mesmo que você só adquira "paciência" com a Meditação, já terá ganho uma experiência valiosíssima.

AS NEGOCIAÇÕES DO EGO NA MEDITAÇÃO
Quanto é que eu levo nisso?

"Os métodos para alcançar a iluminação nada mais são que os desejos e sensação perdidos no caminho do seu verdadeiro Self e os sentimentos que aparecem com o uso desses métodos tornam-se vagos e perdidos como cortinas de névoa da manhã de inverno"

MESTRE NORG FAN LIAN

Ao iniciar a prática do Ch'an e ao procurar cumprir as etapas do método, surge a primeira e talvez a maior dificuldade da Meditação, a justificativa.

Sem dúvida, nada é feito sem um "porquê", sem um objetivo, sem uma recompensa.

Por que fazer Meditação?

Qual a vantagem?

O que ganho com isto?

Perco muito tempo, a dificuldade é imensa, é monótono.

Estas seriam as reclamações mais comuns de um iniciante ávido por desenvolver-se, aprender, obter resultados imediatos.

Este praticante é o típico homem moderno, atualizado com o pensamento corrente da sociedade, onde todos procuram resultados, todos procuram levar vantagem em tudo.

As pessoas procuram qualquer coisa que justifique suas ações, como se a prática do ShiouHsing fosse apenas um instrumento para se obter resultados.

Pensando desse jeito, o ócio é o grande prêmio para os realizados e poderíamos medir a felicidade das pessoas pelo número de horas que dormem, pela quantidade de carros que têm na garagem, pela metragem do seu apartamento, pelos dígitos da conta bancária.

Relacionando o quanto sua existência é produtiva e rica, em bens materiais e resultados.

Freqüentemente observamos que as metas e as expectativas inibem a execução de algum trabalho — mas como é que pode acontecer isso?

A fixação de resultados ocupa toda estrutura mental, pela necessidade do sucesso, não sobrando mais espaço para analisar os detalhes e os riscos da execução do trabalho.

Como então melhorar os resultados se não aprimoramos os métodos?

Parece razoável que o melhor método é aprimorado com a prática atenta e criteriosa, pois não há método que resista a uma execução desatenta e irresponsável.

Quando não há uma dedicação autêntica, a prática é alimentada pela necessidade supérflua, gerando controvérsias constantes.

Em qualquer tarefa, a concentração e atentividade são indispensáveis para alcançar uma ação de qualidade.

Esta ação é tão absoluta que é capaz, de por si só, qualificar não apenas o resultado, mas o caminho percorrido.

Mas, se o caminho não for alcançado, com certeza esta ação não tem Ch'an.

É negligenciadora, desconcentrada e o resultado reflete o fracasso.

A ação, o Ch'an, existe em todo o caminho e em todos os tipos de ocupação, já que a ação encontra identidade nas interações que ocorrem num caminho.

Portanto quando a ação é executada com dedicação, vivida intensamente a cada momento, ela atua mutuamente com o caminho, a regra, a disciplina, o Tao.

Assim surgirá o "Método", que por sua vez, possui força de criação, com a prática e treino do cotidiano, o ShiouHsing.

O Ch'an aponta na direção da Meditação e do ShiouHsing para atingir-se a Iluminação, mas se a Iluminação é resultado do ato de meditar, como então esquecer os resultados, se o Ch'an é a justificativa de praticar o método?

Acontece que a prática do Ch'an é dedicação absoluta ao método, com a confiança total em si próprio.

A confiança em si é uma fonte inesgotável de energia, pode trazer a tranqüilidade e calma interior para a pessoa.

Somente com a falta de confiança é que surgem a incerteza e o medo, aparecendo então as necessidades do Ego e as cobranças.

COZINHANDO ARROZ
A simplicidade é uma arte

Meditar é como cozinhar arroz.

Deve-se ficar atento ao fogo, verificar a quantidade e qualidade da água, para não queimar por fora e deixar cru por dentro.

Se apagar o fogo, o arroz ficará cru, se há excesso de água, o arroz fica empapado, se faltar água, não cozinha e se não houver diligência no preparo, o arroz nunca ficará pronto.

Na realidade, Meditar com um objetivo em Mente é como tentar pegar uma pena com um ventilador.

Quanto mais se persegue, mais se ilude.

No entanto, ao tentar mover-se lentamente em direção à pena, com paciência e tolerância, conseguirá alcançá-la.

O objetivo da prática do ShiouHsing é treinar a Mente para torná-la tranqüila e estável.

Qualquer cobrança de resultado irá impedir a Mente de se assentar.

Somente uma Mente quieta pode criar condição de ser preenchida.

Numa festa o seu copo está sempre cheio de bebida e por mais atencioso que seja o garçom, ele não consegue servir mais líquido no seu copo.

Como então a sua Mente pode iluminar-se e atingir a compreensão do universo e todas suas manifestações, se estiver repleta de pensamentos?

Dizemos aos iniciantes para prestarem atenção à respiração e à postura, mas na realidade são artifícios para impedir que um grande fluxo de pensamentos, ligados às necessidades do Ego, se instale.

Assim trocamos os pensamentos dispersivos do cotidiano, onde a Mente está acostumada a disparar uma seqüência infinita de pensamentos desordenados, por pensamento estanque, como a focalização da respiração, que se encerra em si própria, com a contagem da inspiração e expiração e a vigilância da postura.

Pranja, a sabedoria búdica, é intuitiva e pode ser percebida na fração de segundo que distancia dois pensamentos, como por exemplo, a prática da contagem da respiração.

No decorrer do treinamento, todo e qualquer pensamento deve ser afastado, atingindo assim a Mente vazia.

Pronto, encontramos a resposta para justificar o porquê da Meditação, é claro, Meditar para alcançar a Iluminação.

Sim, através da Meditação obtém-se o *insight* e a sabedoria Pranja.

Parece muito simples, mas não é.

Exatamente porque desejo adquirir o *insight* e a sabedoria infinita é que se torna impossível perceber a verdadeira natureza do seu *Self* e portanto do Universo.

Como posso manter a Mente livre do eco de "Quero a Iluminação"?

Este desejo bate de frente com qualquer coisa que impeça sua realização, mas como aprendemos no Ch'an, a Mente Vazia é essencial para atingir a libertação do Ego e assim, qualquer tipo de pensamento deve ser abortado.

Portanto mate o eco da Iluminação.

A pessoa que decide meditar, tem uma meta em Mente, parte de vários pressupostos: ela está descontente com sua vida, quer melhorar sua condição material ou espiritual, quer curar-se de uma doença, quer aliviar-se de algum sofrimento.

Ela adquiriu então uma intenção, que deve ser alcançada, mas no Ch'an não se pode praticar com desejo ou com alguma espécie de intenção, pois quando o desejo aparece, ele impede o ShiouHsing e a sua evolução.

Claro que esta é uma situação altamente complexa, pois

quando se deseja, não se pode praticar e só se pode praticar quando se abdica do desejo.

A única forma de se vencer o impasse é manter a Mente fixa no método, fixar a ação na prática do ShiouHsing e retirar qualquer objetivo do foco mental.

É possível experimentar o estado de Iluminação com a expulsão dos pensamentos da Mente e perceber *flashes* que duram frações de segundos, parecendo durar uma eternidade.

Quando o iniciante experimenta tal estado, julga-se na iminência da Iluminação, instaura-se novamente o retrocesso, retorna o poder do desejo e o orgulho, que imediatamente dominam a Mente.

Se isso acontecer, o iniciante irá abandonar a concentração, irá distrair-se da atentividade, enfim, a expectativa confunde todos caminhos da ação, do ShiouHsing.

A RELAÇÃO ENTRE CORPO, MENTE E MEDITAÇÃO

Será que existe esperança para o amanhã?

Nosso Corpo e Mente são dois e um ao mesmo tempo...
Cada um de nós é duas coisas ao mesmo tempo: dependente e
independente

MESTRE SHUNRYU SUZUKI

Apenas o conhecimento racional puro, sem vivência e prática do ShiouHsing, não conduz a nenhuma transformação do ser humano.

Teoria e prática não devem ser separadas, assim como o Corpo e a Mente.

Quando conhecemos nosso interior, nós já nos transformamos.

Na verdade, o conhecimento vindo do nosso pensar racional é apenas uma pequena parte do conjunto do processo psíquico, que se manifesta no dia-a-dia.

É como um detalhe da ponta do *iceberg*, no qual toda fonte do verdadeiro poder e sabedoria elevada e intuitiva (Phei) está submersa dentro de nós mesmos, dentro do nosso oitavo sentido.

Ter pensamentos é também uma reação do corpo, pois nosso corpo (e todos os órgãos dos sentidos) colhe informação externa e transmite ao cérebro, onde é processada de acordo com experiências passadas, gravadas no âmago do oitavo sentido.

Estar no pensamento ou manter o pensar alerta e vazio significa desenvolvimento do ShiouHsing, do Ch'an, conseqüentemente, da evolução do ser.

A Mente e o Corpo sofrem influência dos fatores genéticos, atávicos, sensoriais, vivenciais e ambientais.

O corpo é constituído de um agregado de elementos (lei dos cinco movimentos: agregado físico, sensorial receptivo, percepção dedutiva, sincronismo do comportamento, fluxo mental e finalmente consciência intuitiva que interage com os cinco) e está em permanente mutação, através do Ch'i e das energias psíquicas (Shen, Hunn, Poo, entre outras).

Nada é permanente e é a impermanência que faz o ser e seus sentimentos tornarem-se transitórios.

A própria existência é transitória e geralmente nos apegamos ao prazer momentâneo e tentamos, a todo custo, eternizar a felicidade, esquecendo que ela apenas reflete nosso estado de espírito e nossa consciência.

É o sofrimento do ser humano que se apega aos seus valores transitórios, essa é condição necessária para a dor, dor da frustração, dor da perda.

A dor da não aceitação da impermanência e da transitoriedade.

Nada é eterno, não existe felicidade para sempre e muito menos final feliz, tudo é transformação e mudança.

A esperança da felicidade pode transformar o sofrimento ou tensão do presente num momento mais tolerável, com a promessa de felicidade, de recompensa e de dias melhores.

Mas a expectativa e o conforto momentâneo, entretanto, carregam também, o processo de frustração e ansiedade.

Quando nos fixamos na esperança de um futuro melhor, não concentramos bastante energia para viver o momento que acontece agora.

Parece que se alguma coisa melhor vai acontecer no futuro, alcançaremos a tão esperada paz e o reino de Deus.

Esses são objetos de crença e promessa, oferecidos pelo mundo exterior.

Não estamos negando a esperança e a crença.

É que só esperança não é o suficiente, ela pode até se transformar num empecilho, que nos torna impotentes para resolver nossas dificuldades.

Essa esperança nos tira a energia de viver melhor, no presente momento, destruindo nossa verdadeira força.

A Mente cheia de "esperança vaga" tira a determinação de viver o desafio do dia-a-dia.

A Mente esperançosa nos imobiliza e nos faz perder o poder iluminador do empenho da transformação.

Sobretudo, abrir novos caminhos na vida, criar novos YingUen, como diz a letra da música:

"Quem sabe faz a hora, não espera acontecer", o que quer dizer, simplesmente ir adiante e mover-se na direção que a intuição mandar.

Como dizia o cachorro mais velho, das ruas de Beijing, do conto Ch'an, felicidade é colocar um pé depois do outro...

E o Corpo?

A existência do instinto natural e a existência de objetos mentais nos órgãos dos sentidos tornam o controle racional do Corpo uma tarefa impossível.

Nem a penitência ou a autoflagelação da Idade Média, nem o tribunal da Santa Inquisição conseguiram controlar esse impulso.

Devemos, então, buscar onde está apoiada essa mola propulsora e empurrá-la para onde ela quiser saltar e então, num movimento espontâneo de mudança, como se fosse magia, estabelecemos uma nova direção e uma nova circunstância para ela.

Quem já fez dieta, sabe como é difícil negar comida a si mesmo, ou quem quer cortar o vício do cigarro ou da bebida sabe como é sacrificado negar o fumo ou o álcool a si mesmo, ao seu corpo, à sua compulsão.

Você pode agüentar por um período curto de tempo,

mas é sempre muito doloroso e a sua Mente não quer que seu Corpo sofra, quando sabe que há meios de aliviar a síndrome de abstinência.

Mas qual seria a fórmula mágica para alterar a mudança e abandonar o vício?

A Meditação Ch'an.

A Mente vazia e alerta permite uma nova associação do Corpo ao exercício físico, em vez do uso da comida, do cigarro, do álcool e de todas as outras drogas.

A associação das "dores" da obesidade, falta de fôlego, mal-estar e instabilidade emocional permite uma brecha, como uma fenda numa pedra, que podemos empurrar em direção à Consciência maior.

Preste atenção aos sentimentos e manifestações que ocorrem: mal-estar depois de comer exageradamente, falta de ar por excesso de cigarro, vexame ao exceder na bebida alcoólica.

Relacione os sentimentos dolorosos ao vício para transformá-los em exercícios físicos e em Meditação, num hábito cotidiano.

Na profundeza da nossa Mente e do nosso Corpo carregamos o Instinto de Autopreservação (sétimo sentido) e cada vez que nos afastamos da nossa Consciência, perdemos essa potencialidade.

Ganhamos a memória de um estado de harmonia e saúde perfeito, cheio de vitalidade, com a Mente vazia e alerta.

Mente Ch'an implica lembrar que somos energizados pelo Ch'i (força que brota do oitavo sentido) e por uma Consciência interior que nos dá prazer de viver cada instante, com afeição e compaixão.

O estado de saúde perfeita se dá, quando seguimos com devoção, esforço e sacrifício, satisfazendo com amor e cuidado as necessidades do Corpo, em sintonia com a Mente.

Devemos fazer isso por nós e aprender a fazê-lo, também, pelos nossos companheiros, filhos e amigos, sobretudo pelo ambiente em que vivemos, que é a fonte e origem de toda forma de energia e força.

O ideal é treinar nosso Corpo para fazer exercícios com entusiasmo, otimismo e sinceridade, mantendo a Mente alerta num estado meditativo, isto é ShiouHsing.

禅定

ESTÁGIOS DO CH'AN
A mente quieta, a espinha ereta e o coração tranqüilo

Bem-estar só é possível à medida que a pessoa superou o próprio narcisismo; à medida em que a pessoa é aberta, receptiva, sensível, desperta...

ERICH FROMM

Na focalização da Mente, aquele que se identifica com o princípio do vazio, com a cessação total da percepção e não percepção, se torna nessa criação um criador.

No curso de treinamento da Meditação (ShiouHsing), o poder de focalização da Mente torna-se gradativamente intenso e firme, pela eliminação dos fatores externos materiais, estabelecendo um patamar para etapas subseqüentes de concentração e interiorização mental.

ShiouHsing significa o firme propósito de auto-aperfeiçoamento e evolução espiritual, a fim de desenvolver toda energia (Ch'i) que existe dentro de nós para a Iluminação.

Essa força induz a uma visão clara da nossa própria conduta, ela é a conscientização (tão focada e tão intensa) que gera o sincronismo do exterior e interior, que permite discernir os componentes da nossa própria realidade.

Acesso à iniciação

Nessa fase primária, o Meditante consegue controlar seus pensamentos dispersivos, estabelecendo um fluxo de idéias, relativamente coordenado.

A Mente estorvante é superada, há uma clareza mental imediata, há melhoria das percepções sensoriais e corporais, tornando a pessoa mais alerta e calma.

Existem objetos na focalização da Mente, que acabam por dominá-la.

Podemos citar, como exemplo, a contagem do número de inspirações e expirações durante o treinamento, evitando a dispersão mental e conduzindo a Mente para a respiração.

Outras técnicas de condicionamento para evitar a dispersão mental são os mantras (sons ou recitações), as mandalas (formas ou desenhos) e os mudras (gestos ou posturas).

Algumas escolas propõem a visualização de figuras mitológicas, talismãs, imagens, viagens interplanetárias e de outras coisas, mais ou menos banais, que nascem da imaginação do Meditante e, na verdade, essas técnicas não passam de relaxamento bem coordenado, são meras técnicas racionais.

Nessas técnicas não há nada de ShiouHsing, elas representam sentimentos ou sensações a serem superados pelo Meditante, pertencem ao mundo primitivo dos desejos.

A busca de ShiouHsing é, exatamente, buscar a liberdade dos três mundos (mundo dos desejos, da forma e invisível) em que nossa Mente está aprisionada.

Ainda nessa fase de iniciação há uma serenidade mental, uma sensação de plenitude ou leveza física, com maior freqüência de *insight* ou perspicácia mental.

Primeira etapa: Ch'an primário ou iniciante

O domínio do Ch'an, primário, começa na focalização profunda da concentração, absorvendo energia da respiração.

Essa sensação de desapego gera sentimentos de tranqüilidade, prazer, alegria, plenitude e um encanto indescritível.

Os pensamentos embaraçosos diminuem, a percepção sensorial se torna aguçada, desenvolvemos consciência maior da nossa fisiologia e da dor física.

Nessa fase, o objeto da focalização, como a respiração e sua contagem, devem ser contínuos.

A focalização deve ser, ininterruptamente, sustentada pela força da concentração, caso contrário, a dispersão mental retorna, instantaneamente.

Nessa etapa, inicia-se a concentração reflexiva, ou seja, inicia-se a atentividade dirigida, a Mente prossegue analisando e deduzindo, sem ser dispersiva.

Aqui há um melhor desempenho de função fisiológica, apresentando melhoria de: nervosismo, angústia, irritabilidade, insônia, flatulência digestiva, gastrite, obstipação, hipertensão arterial (pressão alta) e enxaqueca.

Segunda etapa: Ch'an secundário

Os pensamentos dispersivos e estorvantes já acalmaram, superando obstáculos de tentação, desejo, fantasia e imaginação.

A atenção ao foco de concentração inicial é abandonada, a contagem da respiração se torna desnecessária, mas o Meditante prossegue observando a respiração.

Já há aumento de atentividade e início de rompimento com a percepção estereotipada, típica do Objeto Referência.

Na realidade, neste nível de focalização mais sutil e estável, a Mente do Meditante está livre da dispersão do pensamento e do desejo, assim como da expectativa em relação ao cotidiano.

Essa é uma Mente mais focada e ajustada, os pensamentos discursivos e verbais são superados, há uma calma absoluta e a concentração se torna mais aguçada.

Devido a grande capacidade de concentração e atentividade, o poder de intuição do Meditante é aumentado, atingindo quase um nível premonitório.

O sentimento de êxtase continua intenso, o Meditante pode ficar imobilizado ou estático, mas esse fenômeno não deve ser confundido com o processo observado no quadro clínico de histeria ou delírio místico.

A pessoa parece perder qualquer contato com o mundo exterior, entretanto ela está totalmente atenta aos estímulos externos, completamente conectada com a realidade, numa sensação profunda e indizível, uma satisfação plena que se enlaça a uma sutil emoção de leveza e alegria, a uma ligeira angústia do vazio.

Muitos fenômenos de paranormalidade e percepções extra sensoriais surgem nesta etapa.

Terceira etapa do Ch'an

Neste estágio, a focalização da Mente, através da observação da respiração, como objeto mental, começa a ser abandonada.

Em seguida, surge a serenidade mental, com uma diminuição gradativa de êxtase.

Essa serenidade é muito sutil, flui vagarosamente e substitui o encanto da segunda etapa do Ch'an, que parece "um vendaval" se comparada a essa recente sensação de desapego da realidade, finalmente emergida da nossa Mente.

O desapego da realidade dissolve todo tipo de alegria ou tristeza, superando a dualidade e a discriminação de qualquer tipo.

Agregada a essa serenidade existe um espírito de plenitude suavíssimo, invadindo o Meditante.

A Mente está alerta, mas permanece a sensação de alegria e calma interior.

Nessa fase, a Mente está altamente concentrada e flutuante, permitindo uma visão nítida da realidade como ela se apresenta.

É quando acontece a acuidade, a visão interna da atentividade, a decisão mental incomparável e inclusive o surgimento da destreza física.

É quando o atirador do disparo acerta no centro da bola preta, onde alvo e atirador se fundem num único elemento, ou quando o homem de negócios toma uma decisão perfeita, pois o próprio negociador se transformou em negócio.

É a superação dos sentimentos de "ter", visando as posses e o domínio, dando passagem à sensação do "ser", usufruindo e aceitando a vida.

Quarta etapa do Ch'an

O desapego já impregna todo Meditante, para tornar sua Mente totalmente alerta e vazia de qualquer sentimento ou emoção, transformando-a em pura concentração.

A própria focalização da respiração desaparece, purificada pela serenidade e plenitude.

O desapego e a pura introvisão finalmente emergem.

A pura atentividade provoca a cessação de qualquer sensação de prazer e de dor do corpo, não existem mais sentimentos ou pensamentos.

O abandono da respiração acontece quando a Mente repleta de atentividade (extremamente sutil) descansada com o desapego, fica progressivamente mais quieta.

A respiração que acompanha essa quietude vai aprofundar-se num estado de atenção pura, tornando-se tão suave e fina, que nem o próprio Meditante sente o seu movimento, é como se ela estivesse cessando por inteiro, vagarosamente.

Nessa fase, finalmente, o Meditante está preparado para ingressar numa sabedoria superior, transformando-se em próprio conhecimento.

Esse é o auge do treinamento do disparo, em que ocorre o momento do "disparo sem disparar", que é o duelo final dos grande samurais, quando as espadas não se cruzam mais, quando eles apenas se olham, procurando a vida e a morte.

Quando o arco-íris desaparecer

O fim do arco-íris é a percepção do mundo a partir do ponto de vista de uma Mente totalmente concentrada e alerta (quarta etapa do Ch'an) ou seja, quando nos tornamos uno com o objeto (terceira etapa do Ch'an).

Aquele que sente o objeto transformar-se em objeto sentido, eliminando o dualismo, dando vida ao objeto sentido, vive em Ch'an, um estado transitório de atentividade onde não há mais necessidade de sujeito e objeto, tudo é relativo e inconstante.

É o estado de *Self* Referência, quando o "arco-íris não dura para sempre".

Na nossa vida cotidiana somos pressionados para conquistar e vencer.

"Ter" é valorizado e "ser" é desprezado, o dualismo é fundamental e, via de regra, quem possui mais bens materiais é considerado mais feliz.

A sabedoria é não ter pressa, nem cobrança interna, apenas concentrar-se no trabalho, no fazer, no realizar, no criar.

É como na caminhada, na qual o importante é "caminhar" e não "chegar" e cada passo desta caminhada da vida é o próprio viver.

Viver é estar plena e afetivamente relacionado com a natureza e com um outro ser.

Devemos superar a timidez, o isolamento e a resignação, experimentando essa unidade (do objeto e sujeito) com tudo o que a vida tem para nos oferecer.

Esse estado de espírito significa ter total capacidade para a alegria e tristeza.

Como despertar de um sono e estar inteiramente acordado e alerta para todas as circunstâncias da vida, é isso que os budistas chamam de estar Iluminado.

Você vai escalar uma montanha e com certeza vai chegar lá em cima, mas não deixe que essa certeza o impeça de apreciar o caminho e a trilha que levam ao topo, contemplando flores, borboletas e riachos que cercam a caminhada.

Tendo a confiança no caminho espiritual, percebendo o que acontece no trabalho, um comentário de alguém, uma música no rádio, um sonho, tudo começa a fazer sentido, pois no Ch'an, o passado, futuro e presente se fundem (quarta etapa).

Assim temos uma atitude diferente em relação ao aproveitamento do tempo, valorizando cada momento, cada instante.

Olhando para o mundo com atenção concentrada e sendo sereno no sentir, pensar e agir (criativamente).

Viver com a Mente atenta não é algo assim tão extraordinário, deveria ser parte integrante do cumprimento das nossas responsabilidades do dia-a-dia.

Devemos ver o mundo com os olhos um pouco além das órbitas, além dos cinco sentidos, com a pureza da percepção daquilo que está realmente diante dos nossos olhos.

Aprender a ver com clareza e livre de julgamento, sem preconceito, descartando a espiritualidade vaga ou mística.

Devemos atingir, a cada dia, um grau de consciência superior, não por sermos obrigados, mas porque a humanidade evolui assim.

A humanidade evolui não pelo cumprimento de um planejamento e objetivo predeterminado pelas suas crenças ou religiosidade e sim pela força da responsabilidade intrínseca da evolução da natureza, pela necessidade de levar adiante seus genes e sua espiritualidade e consciência.

Essa força nasce silenciosamente, como nosso Destino, e se você nadar no sentido contrário a ele, terá sofrimento e dor. Se você conseguir aliar-se, com devoção e confiança, obterá uma consciência mais elevada e superior, na qual reside toda felicidade e encanto do mundo.

Esse conceito de espiritualidade pode parecer banal, mas entretanto, reflete uma sabedoria profunda da arte de viver, viver o aqui e o agora.

Seja simples, não fique preso nas sensações e nas expectativas do mundo consumista, da moda e da mídia, do mundo dos desejos.

Controle seus impulsos, para não tornar-se um escravo da sua própria paixão, tentando encontrar o tesouro do arco-íris em todo lugar.

Esses impulsos vêm e vão, como pensamentos, porque refletem a circunstância do seu desejo, refletem as cobranças e necessidades que o rodeiam.

Seja franco, sincero e espontâneo nas suas ações e decisões do cotidiano.

Esteja pronto para seguir um propósito maior na sua vida, isso é a verdadeira evolução do seu ser.

Com a Mente voltada para o crescimento interior, a nossa ação torna-se ordenada e assertiva e somos mais capazes de uma melhor performance para executar as nossas tarefas cotidianas.

É a força de vontade (Yih) que nos impulsiona à ação, com a intuição da alternativa correta e deixando de lado, momentaneamente, as outras alternativas (segunda etapa do Ch'an) ordenando-as em prioridade para cada momento.

Desse modo toda energia flui e cria conscientização, a capacidade de autodeterminação na nossa Mente (Shiou Hsing), o momento certeiro de decisão e criatividade.

Quando a nossa Mente se liberta da necessidade de obter respostas imediatas, estando consciente das dificuldades que surgem a cada instante, ela mantém-se alerta e tranqüila.

Mantém-se vigilante como a águia no céu, que de repente mira sua presa e mergulha no azul do espaço, de forma eficaz e certeira. Infalível.

É assim que deveria ser a nossa forma de pensar: eficiente e criativa.

Ser espiritualista e fazer ShiouHsing não é nada de extraordinário, e sim algo cotidiano, uma qualidade de vida, concreta e prática.

Podemos dizer que se trata de uma luz que ilumina um

quarto escuro, que organiza a confusão das emoções, contatando nossos verdadeiros sentimentos e forma de pensar.

Viver o espiritual nos livra da hipocrisia e das máscaras de simulações, mantém a Mente mais calma, feliz e tranqüila, nos faz mais receptivos às dificuldades e aos sofrimentos que o mundo nos apresenta.

Tornamo-nos mais sinceros quando permitimos maior fluxo de "Ch'i", a energia.

Naturalmente estaremos mais dispostos a dissolver nossas mágoas, nos livrar de preconceitos e de crenças limitadoras, indo de encontro ao ritmo natural de alternância entre a quietude e a atividade, orientados para um alvo ou para uma tarefa.

Finalmente, o equilíbrio de Yin e Yang.

Essa harmonia está presente em cada um de nós, porém, na maioria das vezes, está bloqueada, não nos permitindo experimentá-la.

Fazer ShiouHsing e se tornar espiritualista, nos mostra como provar a nós mesmos a experiência harmoniosa do ato de "ser" e não de "ter", de guardar, de cobiçar.

O ato de "ser" nos proporciona a condição de não só utilizar plenamente nossa potencialidade interior e força intelectual, como também a nossa criatividade e intuição, superando nossa auto-anulação e baixa auto-estima.

Tendo, finalmente, a certeza de que cada dia é um bom dia, mesmo que não haja arco-íris pintado no céu.

Dissolveu-se o arco-íris, tudo o que resta é o vazio

Já houve o desenvolvimento da Mente concentrada, superando preconceitos, já existe o desapego e a plenitude, onde todas as percepções do mundo das "formas" é ultrapassado.

Os seus objetos de focalização desapareceram, há predomínio de quietude e serenidade, onde fatores mentais fluem, simultaneamente, em uma única direção.

A cada nível de aprofundamento, o silêncio aumenta, a concentração se aproxima do nível do "imperturbável", tempo e espaço se esvaziam.

Quando o arco-íris se dissolve, tudo é silêncio e vazio.

É o mundo da Não forma ou Mundo invisível.

Quinta etapa do Ch'an

A Mente do Meditante paira num estado em que cessa a percepção das formas materiais, não restando mais nada do arco-íris, só o silêncio infinito do céu.

Toda ação e reação é abolida, a discriminação desaparece, amadurece a serenidade e a força confluente da Mente se consolida e o Meditante não é mais perturbado pelo sentimento proveniente do mundo da forma.

Nessa fase, o nível de concentração é tão absoluto que permite uma nova Consciência do infinito.

Sexta etapa do Ch'an

Com o surgimento da Consciência infinita, do vazio, a consciência da variedade dos seres do mundo da forma e do desejo está totalmente superada.

Não existe mais arco-íris, aliás nunca houve o arco-íris, nem deusa Íris, atravessando a ponte para o céu.

O fluxo da Mente é orientado totalmente para o vazio, no qual o pensamento de espaço infinito também é abandonado.

O espaço só existe porque existe a forma, em pensamento ou matéria.

Da noção do espaço infinito emerge a vacuidade, a consciência infinita do não objeto, da não respiração.

Este é o domínio do sexto Ch'an.

Sétima etapa do Ch'an

Nesse estágio a Consciência do infinito é suprimida pela absorção total do vazio, da não existência, do nada.

Na Consciência do nada já não há bondade, nem maldade, pois tudo é vácuo.

Este é o estágio almejado por muitos ascetas, iogues ou Mestres Iluminados de diversas correntes do misticismo esotérico.

É o que o Taoísta chama de "WuHue", transformação e metamorfose do Mago que se alinha com o cosmo, na Consciência do vazio, onde tudo é transformação de lagarta em borboleta.

Considerado como objetivo máximo do conhecimento por várias escolas da Índia, o próprio Sidarta Gautama, antes de sua Iluminação, estudou e realizou este estágio do Ch'an, mas, mesmo assim não ficou satisfeito.

A força do Mago consiste no nada, na vacuidade, força simplesmente autêntica e portanto provocadora de inúmeras mudanças que podem acontecer — é esse princípio que move os "fazedores de chuva".

Os mandachuvas da China

No interior da antiga China havia um velho costume para combater a estiagem.

Quando uma região está sofrendo seca, a população inquieta, com medo de perder as plantações, convoca os "fazedores de chuva."

Eles podem ser taoístas ou budistas, tanto faz, o importante é que eles vão até o local e ficam lá, simplesmente.

Não tomam nenhuma providência, não providenciam nenhum ritual, nem mesmo queimam um incenso, mas pelo simples fato de estarem lá, a chuva cai!

Eles não fazem a chuva cair, mas essa chuva é a vacuidade interior em ação, a tolerância, a confiança, o nada, que transformam um ambiente no qual, o que for preciso acontecer, simplesmente acontece.

"Somos magos", observa a mãe que tenta acalmar seu filho, excessivamente agitado.

Durante esse fenômeno, ela própria fica muito calma e vazia interiormente.

Enquanto age assim ela está produzindo a mesma "mágica" que os "fazedores de chuva" e a criança aquieta e acalma simplesmente.

Do vazio somos criadores, somos parte da expansão do vazio, criamos pensamento, sofrimento, alegria, dor, prazer e todas as inter-relações da vida.

Da influência mútua entre passado, presente e futuro, do mundo interior da forma e exterior do desejo, criamos a relação de Causa-Efeito, o Ying.

Fluindo em meio ao sincronismo, que chamamos de "coincidência condicionada", ou YingUen, atua como um campo magnético, atraindo para nós as vivências (karma) que associam nossa vacuidade interior.

Nessa etapa, o Ch'an proporciona um senso de ligação com o todo e uma profunda compreensão de que a vacuidade dentro de nós contém tudo o que está fora de nós mesmos.

O microcosmo reflete o macrocosmo, todos nós estamos ligados, uns aos outros, em algum nível de YingUen.

YingUen informa também sobre o sincronismo dos acontecimentos na nossa vida.

Um grão de arroz, uma gota de sangue

No costume oriental, quando a criança deixa cair um grão de arroz na mesa, os pais costumam contar sempre a mesma história de como é trabalhosa a chegada do grão de arroz à mesa.

O menor dos grãos passa pelos processos de cultivo, processamento, secagem, estocagem, distribuição, comércio, venda e cozimento para chegar até a sua pequena boca.

É como se todos estágios, desde a semeadura até a comercialização, fossem "destinados" para a mesa desse chinezinho.

Por isso, jogar um grão de arroz fora é como desprezar toda engrenagem que, sincronicamente, se uniu para alimentar a criança; é como se ela jogasse fora toda essa energia.

Junto ao conceito de causa e efeito está embutida a idéia de que num futuro próximo pode faltar, exatamente, esse grão de arroz na mesa dessa mesma criança.

Todo ciclo da vida e morte está dentro do YingUen, desde plantas, animais até seres humanos e como no Universo nada se perde, toda energia se transforma, quanto mais conservamos YingUen, mais a vida nos trará prosperidade e força.

Eis um grande segredo do ShiouHsing!

YingUen ocorre também na vida social e profissional.

O que você faz hoje, no seu trabalho, nas suas relações afetivas, pessoais e familiares é resultado de YingUen.

Esse sincronismo de causa e efeito cria encontros e desencontros, tudo é transitório e impermanente, por isso é preciso valorizar o instante, o momento, o Ch'an.

É preciso saber cultivar essa força de união da natureza.

O próprio Vazio é o Espaço para criar novos espaços.

Oitava etapa do Ch'an

A força da concentração ultrapassa o nível de "não percepção".

A oitava etapa do Ch'an ultrapassa Consciência e Inconsciência, há uma ausência quase total de todo tipo de estado mental.

Esse estágio aproxima-se do limite da última percepção, quando todo metabolismo mental e fisiológico se torna cada vez mais sutil, chegando quase a ficar ausente.

É o estado nirvânico, a ausência total de anseio e preocupação, é a extinção do desejo, do apego e do interesse pessoal.

Ocorre aqui a alteração permanente da consciência do Meditante e uma mudança comportamental decisiva, quando o Ego e a consciência do Meditante são abandonados, definitivamente.

Do resto da focalização surge uma introvisão profunda, que amadurece completamente, dissolvendo todos os obstáculos para a libertação.

Agora ele é LoHan, Arahant, um ser desperto, livre de todos os preconceitos, da sua identidade social condicionada, livre de paixão, da angústia, do sofrimento.

Finalmente livre, absolutamente livre das leis de causa e efeito.

Etapa final do Ch'an

É a cessação total da Consciência.

Sidarta Gautama é o primeiro ser humano a conquistar essa etapa de evolução, atingindo completamente o estado de cessação da percepção, do sentimento e da dor.

O processo corporal e fisiológico se aquieta, como na hibernação, os níveis metabólicos continuam num patamar residual e sutil.

Dessa forma, o Meditante deve estabelecer um tempo determinado, para permanecer neste estado preliminar, antes de entrar completamente nele.

Este intervalo pode durar sete dias, por causa da fisiologia basal, sabemos que o ritmo cardíaco, respiratório e o metabolismo secretor, cessam junto com a Consciência.

Esse é um estado Arahant ou Iluminado, pois para obter acesso a esse nível de cessação total do Não Acontecimento, Não Perturbação a presença de um mínimo de expectativa na Mente é um grande obstáculo.

Foi assim que Sidarta tornou-se Buda, O Iluminado.

Apesar de ter preenchido o sentido da sua busca e de ter alcançado a liberdade, Buda prosseguiu durante quarenta anos transmitindo os ensinamentos da sua experiência para a libertação dos sofrimentos humanos.

Da mesma forma, qualquer um de nós pode tornar-se também Iluminado, basta o firme propósito de querer despertar-se e caminhar em direção da luz, da libertação.

NÃO TENHA PRESSA

"Quando alcançarei o Ch'an ou Wuo?", se permitir que essa dúvida paire sobre você, provavelmente permanecerá nesse mesmo estado mental, não chegando a lugar nenhum.

Algo semelhante ocorre quando você perde o sono, tendo dificuldade em dormir.

Se observar outras pessoas dormindo ao seu redor, talvez você fique mais aflito e ansioso, se perguntando "todo mundo dorme, porque só eu não consigo dormir?"

Com perguntas assim você jamais conseguirá adormecer.

Quanto mais benefício você quiser alcançar com a prática do Ch'an, mais distante e difícil é obtê-lo.

Na verdade, você apenas estará aumentando o tamanho de seu sofrimento e das suas aflições.

Irrigar uma árvore de forma gradual e dar adubo na medida certa, certamente fará ela crescer.

Conforme a árvore se desenvolve, você vai cuidando e podando, até que ela produza seus primeiros frutos; é assim que se colhe o resultado do trabalho na agricultura.

SEGREDO DE UMA COLHEITA RÁPIDA!

道 Avalie você mesmo a história de um lavrador sem experiência que plantou um campo de arroz.

Quando a plantação começou a brotar, ele observava e comentava:

"Por que não cresce mais rápido?"

Teve então uma idéia para acelerar o crescimento.

Puxou cada talo para que ficasse um centímetro mais alto.

No dia seguinte comentou:

"Acho que vou repetir o mesmo procedimento para acelerar o crescimento."

Porém, ao inspecionar a plantação, verificou que todos os brotos de arroz haviam murchado e morrido.

Há um provérbio chinês que diz:

"Você não consegue cavar um poço com uma concha só."

Ou ainda: "Você não consegue comer um bolo inteiro com uma única mordida."

É melhor para a sua digestão mastigar o alimento até torná-lo muito fino, antes de degluti-lo.

É o mesmo com a prática do ShiouHsing, não tente beber sua prática em um único gole, engula pacientemente, você deve ser cuidadoso e meticuloso no seu treinamento.

TZUO CH'AN
INICIAÇÃO PARA PRATICAR
TODAS AS ETAPAS DO CH'AN

Tzuoh Ch'an, meditar sentado, também significa ShiouHsing, ou seja, aperfeiçoar constantemente a nossa conduta, seguindo o ensinamento de alguém, que já sofreu e passou por todas as experiências da vida, iluminando todo propósito da evolução espiritual do ser humano.

Tzuo Ch'an é o método de disciplinar a Mente e desenvolver a nossa potencialidade interna, despertando o estado búdico (oitavo sentido) dentro de cada um de nós.

Para muitos, o ato de Meditar é uma religião, para outros trata-se de uma filosofia oriental e há os que consideram que seja apenas uma forma de relaxamento.

Se você quer fazer Meditação ou quer fazer ShiouHsing, a busca de autoconhecimento mais profundo, esta parte do livro dá a orientação para levá-lo ao caminho interior da espiritualidade.

Depois é por sua conta, por sua disciplina e prática.

Isto porque a Meditação não é algo que possa ser explicado em palavras, trata-se de uma prática que é conduzida pelo desenvolvimento pessoal, permitindo atingir um estado de libertação da vida e morte.

Estado de Ch'an, Mente vazia e alerta, é um estado mental criativo e livre de tensões.

ATITUDE DO MEDITANTE
NO DIA-A-DIA DA MEDITAÇÃO
O ontem já passou e o amanhã não chegou

"Uma análise cuidadosa do processo de observação da física atômica mostra que as partículas subatômicas carecem de significado como entidades isoladas e somente podem ser entendidas como interconexões, ou correlações, entre vários processos de observação e medição."

FRITJOF CAPRA

"As partículas materiais isoladas são abstrações, e suas propriedades são definíveis e observáveis somente através de sua interação com outros sistemas."

NIELS BOHR

A física quântica e a teoria da relatividade, a própria ciência médica e o conhecimento do cérebro, provocaram grandes mudanças de conceitos e valores sociais.

O homem chegou ao espaço, abriu uma brecha no infinito.

Da mesma forma, também abriram um feixe de luz na nossa Mente, no nosso oitavo sentido.

A descoberta de que somos a parte do mundo que vemos, e que somente o ato de observar é suficiente para introduzir uma alteração no sistema observado, vem derrubando toda teoria física e filosófica do passado.

A própria teoria mecânica de Newton já não se adapta mais ao mundo espacial de hoje.

A atitude de observar pode alterar tudo que estamos enxergando.

Por exemplo, na área médica, quando procuramos uma hemácia, é impossível observá-la a olho nu, pois é uma célula viva e minúscula que não se percebe com olhos desarmados.

A olho nu, o que você vê, é simplesmente sangue, e quantas pessoas deixaram de fazer a medicina por medo de sangue?

Ou quantas desmaiaram só de ver sangue?

Armado de microscópio, você verá que o sangue nada mais é que milhares de hemácias, leucócitos e plaquetas juntos.

Portanto, é o instrumento que define o que você vê.

Se observada, superficialmente, a hemácia parece uma bola, mas sob outro ângulo a célula vermelha torna-se achatada no centro e redonda na periferia, o que acontece também com os leucócitos, que mudam de forma quando ameaçados.

Com a instrumentação adequada, estamos testemunhando fenômenos extraordinários, como a ação do sistema de defesa do organismo.

Isso é um fenômeno, um acontecimento, no qual o Observador participa da ação do Observado, as hemácias e os leucócitos.

Ou seja: a interação e a interconexão dos sistemas, quando o Observador, o Observado e instrumentos formam um único conjunto.

A ciência oriental através do Ch'an Tao já tinha essa concepção há milênios.

A dinâmica da Mente é uma sucessão de fatos e acontecimentos (oito sentidos) e o Observador participa desses fatos internos cada vez que olha para dentro de si próprio (*Self* Referência).

No Ch'an você participa, diretamente, do processo de interferência da sua própria Mente, apenas observando.

A natureza original da nossa Mente não tem preconceitos e observa igualmente todos os processos que ocorrem à sua volta, vê tudo como manifestação da impermanência (mudança constante).

Assim, o Meditante Ch'an não tem preconceitos.

Vê toda manifestação da natureza como impermanente, sem amá-la ou odiá-la, mas respeitando igualmente qualquer manifestação.

Imagine um processo, no qual a sua reação aparece através do que você viu, mas o que você está enxergando é você mesmo.

Para complicar mais ainda, o que você está vendo depende do jeito que você observa.

Vamos dar um exemplo: um dia você esqueceu a sua caneta preferida no escritório e achou que a tivesse perdido.

Sua primeira reação é de desamparo, sentimento de perda e frustração, não pelo valor físico da caneta, mas pelo valor sentimental.

Assim que percebeu a angústia da perda, sua atenção se dirige a alguém que trabalha com você e com quem você tem divergências de opinião.

Esse foco induz você a duvidar e interpretar mal qualquer atitude do seu colega.

Pelo jeito dele sentar, de falar, você pode deduzir que ele, como um ladrão, furtou sua caneta.

Mas, de repente, sem querer, você descobre que a caneta estava debaixo do seu livro e imediatamente suas dúvidas desaparecem, como se fosse uma cortina de fumaça.

O que você vê, depende do que você interpreta, do que você quer ver, por isso existe preconceito.

A Meditação Ch'an é extremamente delicada e o seu resultado depende muito do estado mental do Meditante.

DEZ RECOMENDAÇÕES BÁSICAS

1. Sem objetivo

Não tenha objetivo ou qualquer expectativa de ganhar algo com a prática da Meditação.

Meditar, por si só é o objetivo, apenas sentar-se e deixar acontecer.

Sem preconceito nem imaginação, deixe que a Meditação ensine e evolua no seu próprio ritmo.

Calmo, concentrado e silencioso, o ato de Meditar abre as portas para o autoconhecimento, dando clareza à Mente, às sensações, aos sentidos e aos sentimentos.

2. Disciplina

Meditar significa disciplinar.

Uma disciplina que visa compreender e distinguir melhor o que acontece conosco e ao nosso redor.

A Meditação não depende de religião, cor, credo, idade, nacionalidade, classe social, formação intelectual, etnia, sexo, condição econômica.

Possibilita ao indivíduo transcender seu Ego e desenvolver seu potencial emergente, penetrando em outro nível de Consciência.

Num novo contexto, de um novo estado intuitivo, em que a vivência diária torna-se mais fácil e os problemas profissionais e afetivos tornam-se solúveis, é quando a criatividade está mais presente e abundante.

O lema é "esforço com disciplina" mas sem necessidade de forçar Corpo e Mente.

Não faça esforço exagerado, não se cobre em demasia.

Apenas supere gradativamente a si próprio, entenda a própria natureza, isso é o Ch'an.

Superar a si mesmo é ter a verdadeira força.

Ser feliz e saber contentar-se, é ser rico e eterno.

Procure manter a dobradinha, disciplina-esforço, de uma forma concentrada, serena e persistente.

3. Sem pressa

O excesso de excitação cerebral, resultante da batalha diária, cria um processo de transbordamento e de aceleração dos pensamentos, provocando um funcionamento cerebral desequilibrado, e muitas vezes desajustado, levando fatalmente à fadiga e ao estresse.

Assim, desenvolver a capacidade de auto-regulação-interna para enfrentar grandes oscilações das exigências externas, é fundamental.

Sem pressa, a Meditação produz uma mudança no estado interno do indivíduo que interrompe esse processo de transbordamento, conhecido como estresse e desenvolve mecanismos de auto-regulação, como já vimos nos estágios anteriores do Ch'an.

O aguçamento perceptivo e o desenvolvimento da habilidade de responder ao desafio-alvo, desprezando estímulos irrelevantes do dia-a-dia, tornam o Meditante mais perspicaz, atento e habilidoso.

Esses são itens observados na segunda e terceira etapas de desenvolvimento do Ch'an.

Assim, o Treinamento Meditativo aumenta a clareza da percepção, a acuidade das respostas, a capacidade de tomar decisões e ainda afasta a ansiedade e os desprazeres, que tornam nossa vida cotidiana desgastante.

Sem pressa, a Meditação Ch'an nos livra do excesso de expectativa e desejos egoístas, ajudando a esvaziar a nossa Mente dispersiva.

4. Apenas observe

Freqüentemente aparecem cores, imagens, sons e até a sensação de levitação; não é preciso ficar assustado e muito menos orgulhoso.

Esses são apenas subprodutos mentais.

Não apague, nem despreze, as imagens mentais boas ou ruins, de angústia e temor que eventualmente apareçam.

Não se preocupe com nada, apenas observe atenta e impassivelmente, sem envolvimento.

Deixe a energia Ch'i fluir, com ou sem fenômenos e só.

Não faça julgamentos das lembranças, não reprima sua limitação, não condene erros do passado, apenas aceite.

Aprenda a ser tolerante consigo mesmo, a mudança interna só acontece quando você se aceita como você é.

5. Desafie as dificuldades

O comportamento humano é o resultado do estado de espírito, com sua fisiologia corporal e imagem interna, que são o resultado da sua leitura da realidade.

Desse modo, a Meditação depende da técnica empregada, podendo alterar a nossa fisiologia como a formação da imagem e do pensamento interno ou, em outras palavras, o nosso estado de espírito.

O estado de espírito é que influencia nossas tomadas de decisão e a nossa forma de ser e de agir — o nosso Comportamento.

Por isso ShiouHsing é fundamental, dia após dia, procurando aperfeiçoamento e evolução nesta vida.

Assim, as dificuldades e problemas na nossa vida podem ser resultantes do desequilíbrio dos três componentes descritos na figura abaixo. Desse modo, considere que todos os problemas, aparentemente negativos, podem significar uma oportunidade de aprendizado e crescimento.

Se a dificuldade vem de alteração fisiológica, então você precisa cuidar mais do Corpo, reservar mais tempo para descanso e exercício físico, fazer ginástica com orientação de um profissional; se houver alteração orgânica, procure um médico holístico para um diagnóstico correto.

Muitas vezes gastrite, hipertensão arterial, enxaqueca, diabetes e dores variadas são apenas manifestações de desequilíbrio e não adianta tratar de sintomas, sem investigar a causa.

Se seu problema vem da distorção da realidade, da formação de imagens internas ameaçadoras, deve-se procurar harmonia na vida diária e concentrar-se na prática de Ch'an, para a dissolução dessas imagens.

Entretanto se é o estado de espírito alterado, deve-se disciplinar a Mente, treinar a espiritualidade com ShiouHsing, praticando preceitos de desprendimento, concentração e a sabedoria intuitiva, desenvolvendo a *Self* Referência.

A alteração do estado de espírito é o sofrimento mais doloroso; sua causa, na maioria da vezes, é o excesso de materialismo e Objeto Referência.

A pessoa pode ter tudo que quer na vida, posses e bens materiais, mas vive numa vida totalmente vazia, onde a felicidade é medida pelos dígitos da conta bancária.

Dificuldade na vida é resultado do comportamento humano, conseqüência do estado de espírito interno, com sua fisiologia corporal e imagem interna.

O comportamento é resultado da leitura da realidade externa, através dos oito sentidos e cinco agregados, dos quais brotam todo o desprazer humano.

6. Liberte-se da própria armadilha

Não seja racional.

Nem tudo tem explicação na vida.

Raciocínio lógico e discursivo não libertam sua Mente e nem trazem felicidade.

Quanto mais conceitos, mais regras para cumprir você tiver, você fica, cada dia, mais aprisionado.

Excesso de razão e busca de padrões são as principais causas da angústia humana.

Aprenda a renunciar a eles e se livrará desse peso desnecessário nas suas costas.

Na realidade, as pessoas buscam "certo e errado", "virtude e pecado", "bondade e ruindade", mas será que existem tantas diferenças entre esses opostos?

São meros julgamentos de valor, não representam a qualidade intrínseca, são relativos, mudam o tempo todo, dependendo do tempo e o espaço em que ocorrem.

Um costume aceito na Etiópia há mil anos, não é aprovado na Bélgica, no século 21.

Quem está certo e quem está errado?

7. Não compare

Não faça comparações.

Há diferenças entre as pessoas, os indivíduos que vivem se comparando com os outros deixam de desenvolver seus próprios dons especiais.

Evite se fixar nesses dons, pois podem fortalecer o seu egoísmo, matéria que constitui o Objeto Referência.

O pensamento das pessoas comuns (FangFu) que não fazem ShiouHsing está cheio de arrogância, vaidade, ciúme, ignorância e cobiça.

Desse modo, quando uma pessoa está dirigindo um carro e vê outro carro mais moderno e mais caro, o resultado imediato é vergonha ou inveja.

Por outro lado, o dono do outro carro que vê esse mesmo, talvez pense, "meu carro é melhor que aquele", e é assim que o orgulho assume o controle da nossa Mente.

O materialista vive de comparação, de aparência, de *status*, de prestígio, de sucesso.

Comparando tudo, transformando tudo num hábito mental doentio e esse é um estado mental inábil e perigoso, pois gera sentimentos de ira, inveja, frustração.

Tzuo Ch'an, "Meditar Sentado" é o melhor caminho para revelar o poder físico e mental que está profundamente adormecido na nossa Mente e Corpo.

Cada pessoa possui um dom especial, que através da prática do Ch'an pode ser resgatado rapidamente e com isso torna o Meditante diferenciado do resto.

Saber usar esse poder físico e mental transforma uma pessoa simples num Iluminado, cheio de conhecimento e sabedoria.

O Ch'an transforma uma pessoa doente e debilitada numa pessoa saudável e forte.

Por isso, a Meditação Ch'an é a forma mais perfeita e segura para abrir o caminho do auto desenvolvimento e da auto-realização.

A prática constante do Ch'an fortalece a nossa determinação e refina nosso temperamento e caráter, e isso ajuda a pessoa a adquirir novas motivações e desafios, aumentando a percepção e compreensão do seu meio ambiente, sem recorrer a inveja, vaidade e arrogância.

8. Estar em prontidão, sempre

Estar sempre pronto não é uma tarefa fácil de ser executada, pois solicita uma atentividade mental constante, manter a Mente vazia e alerta, isto é, em harmonia com o espiritual e o material.

Se nos habituamos ao desprendimento das coisas materiais, dos desejos que brotam dentro de nós, deixamos de nos amedrontar e só então surge uma nova força.

É essa força que permite a busca de novas perspectivas e possibilidades, que não veríamos se estivéssemos presos às coisas e situações imediatas.

Isto é, exercer o nosso poder de livre-arbítrio, sem influência das imagens e objetos mentais, pois num estado de fluxo de energia intenso percebemos a infinidade de opções que a natureza nos oferece.

Finalmente, deixamos de ser condicionados pelas expectativas e condições exteriores, isto é a Consciência, o crescimento espiritual interior.

Esse é o fenômeno do caminho e da experiência oculta, o segredo de quem busca, verdadeiramente, a espiritualidade.

Participar da verdadeira natureza de qualquer via espiritual, sem vivenciar suas práticas, é uma forma racional (e mais uma vez dualista) de compreender apenas a prática de evolução emocional e o controle de impulsos destrutivos.

Assim, normalmente, as instruções do treinamento espiritual são secretas, isto é, é preciso praticá-las individualmente para provar sua essência e para finalmente compreendê-las.

9. Só acredito vendo, você tem certeza?

O "mais elevado" homem de ShiouHsing compreende tudo, num só pensar (Ch'an).

O de "média compreensão", entende muito e não age.

E para o de "baixa consciência" (FangFu), tudo é lógico e definido, é matemático e calculado.

Lao Tzu descreveu:

"Os mais evoluídos ouvem falar do Caminho, e imediatamente o compreendem e o praticam.

"Os menos adiantados ouvem falar do Caminho e temem perder algo ou sofrer algum prejuízo, assim duvidam".

Ver para crer é a lógica do Objeto Referência, mas no Ch'an, é preciso crer, para poder ver.

Imagine-se no meio de uma avenida asfaltada e alguém avisando da chegada de um bonde.

Se você pratica "ver para crer", quando chegar o bonde, pode não haver mais tempo para escapar e você pode ser atropelado pelo bonde da vida.

Se você acredita na chegada do bonde, inevitavelmente, perguntará:

"O que estou fazendo no meio da avenida?"

"Existem trilhos no asfalto?"

Portanto, perceberá que não existem bondes naquela avenida asfaltada.

Você verá a outra realidade e saberá que estão mentindo.

Conta-se uma história na antiga China, de dois amigos de infância, um muito rico e outro muito pobre, que se encontraram depois de adultos, e se sentaram para comemorar.

Depois de beberem muito a noite inteira, o amigo pobre dorme e o amigo rico (comerciante de pedras preciosas) observando a situação de penúria do companheiro de infância, coloca no seu bolso uma pedra preciosa, pois queria ajudá-lo a refazer sua vida.

Quando o amigo pobre acordou, o amigo rico já tinha saído em viagem de negócios e ele nem sequer examinou o bolso, e com isso não encontrou o tesouro.

Muito tempo mais tarde, eles tornaram-se a encontrar, o pobre continuava pobre como antes e o rico mais rico do que nunca.

O amigo rico então perguntou:

"Você não encontrou uma pedra preciosa que coloquei, de presente, no seu bolso?"

O amigo pobre, coitado, já tinha perdido, inclusive, a roupa que usava naquela noite.

Temos que encontrar a pedra por nós mesmos, não há como querer ganhar dinheiro, se você não olha para o seu bolso.

Não há como conseguir a felicidade, sem olhar para você.

Querer ter sucesso sem ter percepção de si mesmo é impossível.

Confiança em si mesmo, acreditando em si próprio, desprovido de Ego, é o verdadeiro caminho dos sábios.

10. Como praticar Ch'an eficientemente?

Para tornar o Ch'an eficiente, é necessário a Concentração da Mente e a prática só tem início com a vontade de realizar o Caminho do Auto Desenvolvimento, do ShiouHsing.

O objetivo fundamental da Meditação, é "primeiro buscar desenvolvimento do seu *Self* Superior, livre do Ego" e então chegar à vacuidade, à "Iluminação". Depois, da Iluminação atingir a "Libertação do Samsara" em direção ao Caminho do Meio e finalmente, ajudar a evolução do nosso próximo.

A Vida Meditativa é a maior promessa a ser cumprida por alguém, buscando atingir a Iluminação e com o objetivo de promover transformações internas e viver em harmonia com todos os seres e com todas as coisas vivas e, principalmente, consigo mesmo.

Ir da ausência do eu até o vazio total, isso é a Meditação.

Uma tarefa que não é fácil, mas que também não é uma tarefa impossível.

COMO MEDITAR
De mente para mente

A Meditação e o relaxamento não constituem a mesma técnica.

Em essência, a Meditação é o esforço para reeducar a Mente e suas projeções, em relação ao mundo exterior.

Fazendo ShiouHsing, os efeitos cognitivos da Meditação consistem no aumento da concentração, atentividade e na empatia do Meditante.

Sendo uma forma de treinamento mental, a disciplina do Meditante é muito importante.

Às vezes, algum ritual de iniciação torna-se imprescindível, para a indução do estado de sub consciência, em que o Meditante irá mergulhar.

Lembre-se de que você não está praticando nenhuma mortificação, ou pura técnica de concentração, mas sim o ShiouHsing, a conscientização.

Entretanto para a interiorização que leva à conscientização, é necessário certo grau de focalização mental, para induzir esta viagem ao Caminho do Meio.

Cuidados gerais antes do Tzuo Ch'an

É preciso observar a moderação na comida e bebida, nas condutas do cotidiano.

Evite meditar quando estiver muito cansado, depois de exercício físico intenso, depois de atividade sexual, após refeições ou com muita fome.

O ideal é afastar-se de todas as relações de pensamentos e imaginação.

Despreocupe-se das coisas ao redor, evite pensar em termos duais: bom ou mau, certo ou errado.

Assim, tendo interrompido varias funções e fantasias da sua Mente, abandone completamente a idéia de tornar-se Buda ou um grande Sábio.

Se aparecerem Sábios ou o próprio Buda, mate-os.

Isto vale não apenas durante o Tzuo Ch'an, mas em todas situações da vida.

É impossível prever o que vai acontecer no nosso dia-a-dia.

Os processos da vida acontecem por infinitas causas e condições do YingUen, o sincronismo, pois nosso mundo é condicional e impermanente.

Nossa enfermaria de emergência é o Ch'an, o treinamento que pode nos servir em qualquer circunstância e principalmente nos momentos de dificuldade.

Lembre-se sempre da responsabilidade e compromisso com você mesmo nesta prática; você tem nas suas mãos o livre-arbítrio para mudar o destino do seu karma (PhaoYeh), da sua vida e felicidade.

Onde praticar

Na prática de Tzuo Ch'an é desejável uma sala quieta, silenciosa, sem corrente de ar, arejada e limpa.

Usualmente um tatame ou um tapete grosso e quadrado é colocado no chão, onde você senta numa almofada redonda.

A luz deve ser de penumbra ou indireta, evite um ambiente muito escuro ou com muita claridade para não dispersar sua concentração, pode acender um incenso, mas não deve haver música.

É possível praticar ao ar livre, mas é necessário cobrir ombros, pernas e coxas com uma toalha, para evitar friagem indesejável.

Em alguma etapa de treinamento do Ch'an, pode haver diversas manifestações físicas como ondas de calor, sudorese espontânea, variação de temperatura corpórea.

Por isso, é conveniente se proteger do frio, vento e principalmente da umidade local.

Postura de Tzuo Ch'an

As roupas devem ser amplas e soltas.

Você pode sentar em postura de lótus, meio-lótus, postura cruzada ou em uma cadeira.

O importante é você estar confortavelmente acomodado.

Em lótus, inicialmente coloque o pé direito sobre a perna esquerda e depois o pé esquerdo sobre a perna direita.

Em meio-lótus, ponha o pé esquerdo sobre a perna direita.

Na posição cruzada, simplesmente cruze as pernas.

Sentado numa cadeira, as pernas devem formar um ângulo de 90 graus em relação às coxas.

Uma vez sentado confortavelmente, não mude de posição, até esgotar o tempo previsto.

"Mas, se eu cansar da posição?"

Se você muda a posição original porque ficou desconfortável e assume outra posição, mudando o cruzamento de pernas, com certeza vai fazer isso várias vezes.

O que acontece é que essa nova posição vai te perturbar também, e desse jeito você troca e muda de posições o tempo todo e acaba não concentrando a sua Mente.

Evite trocar a sua posição original, mesmo que isso signifique dor e desconforto.

Assim que estiver sentado e imóvel, se estiver com bastante vigor e bastante desperto, feche os olhos.

Se perceber sensação de sono, mantenha os olhos semi abertos, a 45 graus, numa distância de um metro e meio do chão, sem fixar um ponto específico.

Sentado dessa forma, firme como uma montanha e leve como uma nuvem, respire suavemente pelas narinas.

A língua deve ser colocada contra o céu da boca e os lábios e dentes tocam-se naturalmente, pairando no rosto um suave sorriso.

A seguir, coloque a mão direita sobre a mão esquerda, sobre as palmas, com a ponta dos dois polegares tocando-se levemente, repousando na região do abdômen inferior, um palmo abaixo do umbigo (TanTen, Ch'iHae ou Hara).

Mantenha a coluna ereta e relaxada, sem inclinar-se para a direita ou para a esquerda, para a frente ou para trás.

Solte os ombros sem retesar, relaxados.

A cabeça e pescoço devem estar erguidos, sem tensionar, e o topo da cabeça (BaiHue) deve estar como se estivesse sustentando o teto; as orelhas devem estar no mesmo plano dos ombros e o nariz na mesma linha que o umbigo.

Nossa Mente é como uma lagoa, quanto maior a agitação mental, maior a opacidade da água.

Quanto mais barrenta for a água da lagoa, mais inquieta a Mente e maior a tendência de mexer o Corpo.

Sentar sem mover o Corpo, focalizando e concentrando a sua Mente, é como agitar menos a água da lagoa, quando a lama se sedimenta devagar e a água fica mais límpida.

Isto é, sua Mente se aquietará gradativamente.

Respiração

Após sentar-se corretamente, vamos iniciar a Meditação, propriamente dita.

Naturalmente, não podemos focalizar ou concentrar a nossa Mente sem um objeto mental e talvez o objeto mental mais ao nosso alcance, o tempo todo, ininterruptamente, além da nossa batida do coração, é a nossa respiração.

A respiração é um processo comum a todos os vertebrados; todos os seres vivos trocam gases com o ambiente.

Explorando a respiração como ligação com os demais seres do Universo, isso é um mergulho no microcosmo da nossa Mente, para compreender o macrocosmo da *Self* Referência.

A respiração que entra e sai pelas nossas narinas é sempre esquecida.

Quando estamos calmos, a respiração é lenta e tranqüila; se ficamos inquietos ou angustiados, nossa respiração torna-se curta e dispnéica.

Podemos concluir que a respiração pode refletir, imediatamente, nosso estado emocional interior.

Existem alguns fatores psicológicos (oitavo sentido) associados com a nossa respiração, pois todos sabem deixar fluir ar do pulmão, mas talvez o ato de respirar pouca gente saiba fazer corretamente.

Respirar corretamente significa incorporar a energia Ch'i, do nosso meio ambiente.

Para fortalecer nossa energia "adquirida", só existem dois meios possíveis: pela alimentação e pelo ar que respiramos.

A importância da respiração na nossa consciência é como o indicador de caminho do ShiouHsing e o desenvolvimento da nossa inteligência e potencial.

O primeiro indicador é o nosso nascimento, não como trauma de parto que muitos psicólogos comentam, mas como ato — uma ação da natureza do YingUen.

É o auge da espontaneidade e sincronismo condicional que nos foi dada e se a negarmos como causa e efeito morreremos dentro do útero.

É um momento mágico, que a natureza do YingUen quer que se cumpra.

É a "certeza do nascer" assim como, a "certeza do morrer" pois, se não nascemos naquele exato instante, morremos (anoxia fatal).

Saímos de um lugar confortável dentro do útero, para um lugar desconhecido, que logo no primeiro momento nos parece ameaçador.

Luz forte ofuscando os olhos sensíveis (que podem estar fechados no recém-nascido), a dor do corte do cordão umbilical.

E sobretudo, mais uma vez, a presença do indicador da espontaneidade e sincronismo do YingUen, a respiração e grito do primeiro choro do bebê, são o início da nossa primeira vivência no mundo.

Para respirar com os pulmões, mais uma vez, é preciso renunciar ao cordão umbilical, como renunciamos à vida intra-uterina para conseguir nascer.

Desta forma, o nosso ato espontâneo para a vida, fica relacionado ao medo da morte, do desapego e renúncia.

Imagine que no meio do pânico do nascimento, quando choramos para respirar, cada respiração fica marcada, inconscientemente, pela lembrança da morte na vida intra-uterina.

Esse fato se fará repercutir anos mais tarde, em situações de perda material ou de entes queridos, com a volta da sensação de morte interior que está impressa na nossa inconsciência (oitavo sentido).

Faça uma experiência, na próxima ocasião em que você estiver triste e angustiado faça nove inspirações e expirações bem fortes, você sentirá um alívio imediato.

Assim, muitas pessoas que não conseguem progresso na vida profissional e na vida afetiva é pela própria dificuldade de suportar o momento do seu nascimento (do seu ShiouHsing da vida anterior e YingUen).

Toda vez que um pensamento negativo, com raiz no sofrimento do nascimento, gera bloqueios, o inconsciente, ou seja, o oitavo sentido, conspira contra a nossa evolução.

É aí que nasce, muitas vezes, o sentimento de culpa quando estamos indo bem na vida.

Técnica respiratória

Respire, inicialmente, três vezes profundamente e incline o tronco para a frente com uma ligeira compressão no abdômen, para expulsar o ar acumulado no interior do Corpo.

Inicie com uma respiração suave e profunda, deixando livre o fluxo do ar, sem fazer esforço e comece a dirigir a focalização mental para as narinas, pulmões e diafragma e finalmente no abdômen inferior.

Fique atento aos intervalos da sua respiração, entre inspirar e expirar, é uma pausa muito breve.

Talvez você nem note, mas é aqui que, freqüentemente, surgem pensamentos dispersivos.

Mantenha-se assim, atento ao ato de inspirar e expirar, observando a respiração.

Não tente manipular o ritmo, freqüência e profundidade da respiração, respire através do nariz sem necessidade de controle, apenas suave e silenciosa.

Deixe o ar ir e vir, naturalmente, e esqueça a respiração, simplesmente, deixe fluir.

Durante a inspiração, o abdômen expande naturalmente, é como insuflar um balão e na expiração o abdômen murcha, gradativamente.

Não tente dar explicações e nem formular conceitos, somente observe o fluir do ar que entra e sai.

No início pode haver uma pequena dificuldade no controle da inspiração e expiração, a respiração torna-se curta e apressada, isto é porque a Mente ainda está agitada e inquieta.

Não faça nada, apenas observe que sua respiração é curta e apressada e quando você menos esperar, ela acalmará.

Observe toda respiração, o inspirar e o expirar, ela vai se tornar suave, fina e sutil, dessa forma sua Mente acalmará e em seguida vai aparecer uma sensação de tranqüilidade e paz.

Na linhagem do Rinzai e MiChuang (Tibetano) há recomendações sobre a necessidade de haver um ligeiro retesamento no abdômen, na fase respiratória, no sentido de empurrar o diafragma para baixo (respiração diafragmática).

Diz também que durante esta fase de expiração, deve haver um ligeiro movimento de contratura na musculatura anal, bem suave e muito lento, pois este movimento deve ser sentido mais como uma intenção, do que uma contração física, propriamente.

Na verdade essas recomendações têm sua origem no Ch'i Kong e Kundalini, entretanto na linhagem do Theravada e Soto Ch'an, de um modo geral não se aconselha esta prática, principalmente o Soto Ch'an, que enfatiza somente esta observação, sem acrescentar qualquer outra técnica.

Resumo:

Dirija sua atenção e concentração para a respiração, atentando para cada inalação e exalação, como já mencionamos.

Observe sua respiração e perceba suas sensações (sobe e desce da barriga, as narinas).

Fique atento na sua respiração total, ou seja, a inspiração inteira e a expiração inteira.

É importante não tentar controlá-la, apenas observe.

Cada vez que perceber que sua Mente se dispersou, conduza-a de volta para a respiração.

Qualquer tipo de manifestação, que não seja a sua respiração — pensamentos, planos, lembranças, sons, sensações — são distrações que prejudicam a sua concentração.

Se tiver dificuldades em manter sua Mente na respiração, você pode ajudar sua concentração repetindo uma palavra a cada inspiração e expiração.

Se você concentrar-se na respiração das narinas, ao inspirar, repita a sílaba NA e ao expirar a sílaba MU, inspirar novamente a vogal O, expirar MI, inspirar TO, expirar FO, assim sucessivamente, várias vezes NA MU O MI TO FO.

(NA MU: representa a pessoa carregada de energia negativa e pesada [energia do eu, do egoísmo] que necessita de proteção e refúgio, de um porto seguro.

O MI TO FO: o Buda [em pali significa: o Iluminado, sábio] da luz e força infinita.

NA MU O MI TO FO: simboliza a união da energia do Eu com outra energia [do Universo], para se tornar uma única fonte de luz infinita.)

Pode também fazer a contagem de números de um a dez, repetindo novamente, na expiração ou durante a inspiração.

Atentividade

Pense sem pensar, através da concentração, eliminando todos e quaisquer pensamentos, não concentre em nenhum objeto em particular.

Nem tente controlar pensamento, emoção, ou tentar alguma técnica de relaxamento ou hipnose.

Mantendo a postura e respiração corretas, sua Mente assentará sem ser forçada e quando, repentinamente, surgir imaginação, fantasia, ilusão, não as expulse, nem tente espantá-las, simplesmente permita que esses objetos mentais se movam livremente.

Apenas observe-os.

O ponto fundamental é o esforço concentrado, sempre estar alerta contra distrações (imaginação, emoção, pensamento), sonolência e obnubilação durante Tzuo Ch'an.

Deixe o pensamento ir ou não ir, seja desprendido.

Uma vez obtido o domínio razoável da Meditação e da postura, pode-se iniciar a expansão da atentividade.

Isso significa observar a própria Mente quando qualquer imagem, objeto, forma, manifestação que surgir e torna-se alvo de Meditação.

Assim, use a respiração como âncora e referência e a cada vez que a Mente se dispersar, esteja alerta e utilize a própria dispersão como alvo de Meditação.

Se escutar um barulho, qualifique-o de "ouvir".

Se surgir uma imagem ou fantasias qualifique-as de "visão".

Uma distração do pensamento como "pensar".

Não mergulhe nas visões, pensamentos ou fantasias, pois irão mudar o curso de sua Meditação e a sua evolução.

Se sentir calor, frio, formigamento, dilatação dos membros e da cabeça, não dê atenção, mantenha a sua concentração.

Se sentir movimentação de calor ou "algo" transitando ou fluindo no corpo não ligue, pois se você se concentrar nestes sintomas, vai abandonar o Tzuo Ch'an e entrar num outro exercício, chamado de TuoNa (Taoísta).

Finalizando Tzuo Ch'an

Ao término da Meditação inspire, propositadamente, mas suave, vagarosa e profundamente, soltando o ar lentamente, relaxando a cabeça, pescoço e coluna.

Pode balançar suavemente para a direita e para a esquerda, frente e trás, soltar as mãos e braços, massagear o rosto, bater com as mãos em concha nas partes adormecidas do corpo, pernas e pés, pode bater ligeiramente na região lombar com a mão fechada em punho.

Estique as pernas e alongue-as, levante devagar e relaxe todo o corpo.

Programação

Para evitar agitação e mudança de postura constante é aconselhável fixar o tempo de duração da Meditação.

Comece sentando-se imóvel, pelo menos, 15 minutos de cada vez e se possível, vá aumentando, sucessivamente, para 20, 30 minutos ou mesmo 1 hora.

Evite fixar prazos, para tentar atingir etapas descritas acima, pois a passagem de um estágio para outro depende muito da compreensão (*insight*) e desenvolvimento de sensibilidade do Meditante.

Muitas vezes, para passar de um estágio a outro, você pode demorar anos ou a vida inteira.

Acredita-se, inclusive que a prática de ShiouHsing, pode conservar essa energia acumulada (Ch'i) para a próxima encarnação (do karma) e ser despertada posteriormente, para dar continuidade ao ShiouHsing iniciado nesta vida.

Voltando para a realidade, decida quanto tempo planeja ficar sentado antes de começar, pois isso evita que você levante e faça algo mais urgente.

Uma vez iniciado Tzuo Ch'an, procure manter-se firme como uma rocha, silencioso como o lago da montanha e imutável como a montanha inteira.

EXPERIÊNCIA DE UM APRENDIZ DE FEITICEIRO
Algumas palavras de um psiquiatra

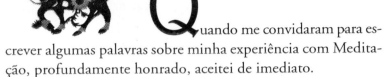

Quando me convidaram para escrever algumas palavras sobre minha experiência com Meditação, profundamente honrado, aceitei de imediato.

Entretanto diante do computador, aberto numa página em branco, como que me olhando ávida para ser preenchida com palavras importantes que justificassem o convite e que tivessem valor para quem lesse, percebi a minha pretensão e comecei a ficar ansioso.

O que pode dizer alguém que está tentando dar os primeiros passos, além de meras bobagens?

Entre decepcionado e confuso, em minha mente começaram a surgir idéias que expressavam a contradição presente dos meus sentimentos.

Oscilava entre desistir da tarefa, pondo fim ao meu sofrimento naquele momento, e a vergonha de não corresponder à confiança depositada em mim. O que fazer?

Por instinto, abandonei o computador sobre a mesa e me dirigi para uma pequena almofada, que uso em minha sala para meditar.

Sentei, assumi a posição de semilótus, cobri minhas pernas, posicionei as mãos em mudra, fechei os olhos e procurei prestar atenção na minha respiração.

Inspira, expira, um; inspira, expira, dois; inspira, espera. A respiração tem que ser calma e suave. Oh! Perdi a contagem!

Vamos prestar atenção novamente.

Inspira, expira, um; inspira, expira, dois, puxa, é mesmo, o Marcos (meu analista), aquela vez me contou a história do sujeito que foi convidado para dar uma palestra sobre um trabalho que tinha escrito e ficou ansioso na hora porque não sabia o que falar, esquecendo que era para falar sobre o que ele tinha escrito, sobre o que ele já sabia, não sobre o que ele não sabia... inspira..., o meu, perdi a contagem de novo!...

Inspira um, não é para inspirar... que coceira no nariz..., acho melhor sair daqui e sentar de novo e escrever, porque senão não vai dar tempo... Puxa! Esqueci de perguntar quando eu tenho que entregar o artigo?

Quem sabe já tenha até perdido o prazo e estou aqui me "agoniando" por nada. Vou abrir os olhos, engolir a saliva, não, estou me enganando, acho melhor meditar com os olhos um pouco abertos, quem sabe consigo me concentrar melhor.

Abro um pouco os olhos... Inspira, expira, um; inspira, expira, dois;... inspira, expira, nove; inspira, expira, dez... consegui dessa vez me concentrar até dez. Outra vez, não!

Perdi a concentração de novo!...

Nunca vou conseguir sair do início, e olha que já faz um bom tempo que estou treinando...

O Dr. Jou diz que melhorei minha postura, mas de que adianta melhorar a postura se minha concentração não vai para a frente?

Minhas costas..., de que adianta melhorar a postura se elas agora doem mais, quando eu ficava arqueado, doíam menos.

Nada disso, já que estou fazendo vou fazer bem feito, endireita as costas e agüenta a dor... mas para que tudo isso, não vai mudar nada na minha vida mesmo...

Fico me metendo em cada uma!

É, devia mesmo é estar atendendo a um cliente.

Fico perdendo tempo com essas coisas e deixo de cuidar da minha vida, preciso ir ver os convênios..., por que nunca faço o que deveria fazer?...

Engraçado, parece que o chão ficou mais iluminado..., olha que barato!...

Se você enxergar o Buda, mate-o!...

Será que estou vendo Buda, ou ficando Iluminado?...

Quanta pretensão!... Melhor parar de brincar... Pô! Nunca levo nada a sério!

Vou fechar os olhos, parar com isso e me concentrar.

Inspira, expira um; inspira, expira.

Ih! Esqueci de colocar o *bip* para tocar em vinte minutos, há quanto tempo estou aqui, e agora, não marquei o tempo, o que faço?...

Acho melhor abrir os olhos e marcar mais cinco minutos e me esforçar para meditar de verdade, nesse tempo, porque até agora não fiz nada...

Será que minha perna está dormindo, puxa quase caí no templo domingo passado, todo mundo recitando o O-MI-TO-FO e eu não conseguia parar em pé, ainda bem que um cara lá me ajudou, já imaginou o vexame... até que ia ser gozado...

Pô! Luiz, pára de ser moleque, cara!

Você já está perto dos cinqüenta, pára de brincar de adolescente, assim ninguém vai dar valor para você..., por isso que minha vida é tão complicada..., mas que ia ser engraçado ia..., e foi um barato a sensação de não sentir o pé, já imaginou se eu tivesse perdido ele daquela vez... como que eu iria estar hoje?

Sai pensamento ruim! Deu tudo certo, estou andando normal e não perdi pé nenhum...

E a Meditação... Oh! Diabo! O que eu vou escrever..., será que já passaram os cinco minutos?

Bem vou tentar me concentrar e contar umas três vezes até dez e depois páro com a Meditação.

Inspira, expira... a técnica da Meditação Transcendental parece ser bem mais fácil, nela é para prestar atenção no que vem na cabeça, não precisa ficar contando...

Puxa! Então era isso que o Deo (meu analista didata na época da minha formação em psicanálise) queria dizer quando falava que quando eu ficava ansioso, eu me evadia distraindo minha Mente!...

Tive um *insight*! Epa! Inspira, expira, um, será que eu não consigo prestar atenção na contagem somente no fim da expiração?

Vamos lá ins... ummmm... pira, doooiii..expi..sssss..ra..sss, nada disso é inspirar, expirar, um; inspirar, expirar, dois; quando vou domar esse boi maldito?...

Rimmmmm! Telefone..., será que a secretária está lá embaixo? Essa menina nunca pára no lugar... espera mais um pouco, se ela não atender eu atendo.

Que "chatura"! Nem meditar sossegado se pode!

Seguindo o ritual abri os olhos, respirei fundo e repeti os exercícios aprendidos com as monjas Ch'an no templo Zulai e na Clínica IBRAPHEMA.

Terminado os exercícios estava, como sempre, mais calmo, mais otimista. Sensações que me deixam intrigado, pois não consigo entender bem a sua razão de ser, já que, como pôde ser visto, estou apenas numa fase de aprendiz, numa fase de aprendiz de Meditação.

Mas o que importa é que, independente do porquê, tenho sentido esse bem-estar todas as vezes, quaisquer que sejam as circunstâncias de vida que eu esteja passando.

Relendo o que escrevi percebo que o relato pode não ser aquilo que esperavam que eu escrevesse, nem prender a atenção de qualquer leitor desejoso por ampliar seus conhecimentos teóricos a respeito da Meditação.

Com certeza não está escrito de um modo literário atraente, de modo a agradar pelo próprio prazer da leitura, pois descreve uma mente funcionando em estado puro, sem a monitorização da palavra escrita.

Essa é, entretanto, a expressão da minha realidade atual, a minha verdade agora. Esse é o estágio que alcancei nesses três meses de exercícios de Meditação.

Confesso que apenas bem recentemente abandonei o modo mais *laissez-faire* de praticar, ou seja, quando não tinha nada mais importante ou melhor para fazer, ou quando me sentia aflito.

Além, é claro dos grupos de quintas-feiras coordenados pelas monjas Sinceridade e MiaoYi e o pessoal da clínica, o Dr. Jou, o Dr. Norvan e a Dra. Lilian.

A maneira mais sistemática de meditar, diariamente, tem sido conquistada de um modo espontâneo, através de uma disciplina interna que não é severa, embora devo ser sincero e afirmar que estou longe de vivenciar os momentos de intenso prazer com a Meditação, como sugere a monja Sinceridade.

A busca da prática diária da Meditação, de modo menos forçado, me sugere que estou sentindo algo que é bom.

E nesse sentido vale frisar a diferença entre algo que é bom e aquilo que dá prazer.

Nem tudo que é bom, necessariamente implica em prazer, e nem tudo que dá prazer implica em ser bom.

Um tratamento com acupuntura, se não somos masoquistas, não pode ser um prazer legítimo, já que não é agradável de maneira nenhuma.

Ser puncionado por agulhas dói e é sem dúvida desagradável.

Entretanto, como citado pelo presidente da Academia de Ciências Médicas da China, Dr. Wang XueTai, no congresso de acupuntura promovido pela AMC — Associação de Medicina Tradicional Chinesa do Brasil, em dezembro de 1997, há quase dois mil anos foi escrito que "apesar de ser dolorosa, a acupuntura pode salvar a sua vida". E isso é de fato algo bom.

Por outro lado sabemos que o prazer experimentado pelas drogas, embora real, é efêmero e destruidor, não se constituindo como algo em si mesmo bom.

E é reafirmando a sensação de estar diante de algo bom, que gostaria de incentivar àqueles que, como eu, estão no estágio inicial da prática da Meditação, a persistir no caminho em busca do estado de Buda.

Obrigado Drs. Jou, Norvan e Lilian, meus mestres na arte da Meditação, obrigado meus pacientes por serem um incentivo constante ao meu desenvolvimento.

O-MI-TO-FO.

DR. LUIZ CARLOS SAMPAIO

DÚVIDAS SOBRE A TÉCNICA DE TZUO CH'AN

Minha mente dispersa demais, o que devo fazer?

É normal que a nossa Mente "viaje", apesar do seu esforço de se concentrar na respiração.

Quando você menos espera já está cheio de objetos mentais inundando a sua Mente, como experiências do passado, gente e amigos que conheceu, mágoas, erros e diferenças, filmes que assistiu, livros que leu e até que tipos de comidas comeu.

Assim que perceber que se distraiu e a Mente distanciou-se da respiração, conduza-a e traga-a de volta, amarrada na ponta do seu nariz.

Isto é, você deve cerrar os olhos em 45 graus, observar a ponta do nariz sem fixar-se nele.

Tenho certeza que em poucos minutos você estará novamente pensando na conta a pagar, dificuldade no trabalho, planejamento de férias, vontade de namorar, passear.

Se perceber que divagou outra vez, não faz mal, traga-a de volta sem se culpar, amarre outra vez na ponta do nariz junto com a respiração.

Essas tentativas, por si só, já são prática de ShiouHsing.

Não esqueça que o sonho do arco-íris, que o mundo de desejos não é tão fácil de abandonar.

O que é atentividade?

É o controle dos sentidos e dos seus impulsos.

É você adquirir a capacidade de observar suas percepções sensoriais, sem permitir que estimulem seu pensamento.

Por exemplo, sentimento de raiva ou preocupação, apenas observe, sem se deixar influenciar por essas emoções, que podem desencadear uma avalanche de pensamentos e sentimentos altamente perigosos, provocando conseqüências irreparáveis.

Quando já existe o desenvolvimento da sistemática do Ch'an, da atentividade, começa então o caminho para o estado nirvânico e você vai conseguir se separar dos pensamentos e das percepções.

O trabalho do Meditante Ch'an é atingir a unificação da Mente numa só direção, num único tópico, que é a própria concentração para chegar ao estado nirvânico.

Praticar uma vida saudável é a base psicológica para a Meditação e ShiouHsing — não comer em excesso, dormir suficientemente, nada de fumo, jogos, álcool e drogas.

O vício destrói nossa potencialidade e o caminho para a evolução espiritual.

Há métodos para reforçar a atentividade e diminuir a dispersão da mente?

Sim, usando uma contagem mental, não sonora, na respiração, principalmente nos intervalos entre o fim da inspiração e o começo da expiração ou o fim da exalação e o começo da inalação, com a finalidade de apenas focalizar a Mente.

Na escola IBRAPHEMA sugerimos:

Técnica um:

Contar "um" na inspiração e "dois" na expiração, "três" ao inspirar outra vez e "quatro" ao expirar, assim sucessivamente até o "dez", e reiniciar do começo outra vez.

Técnica dois:

Inspirar devagar e profundamente, contando mentalmente "um" e em seguida, na expiração, repetir "um" outra vez, de novo você inspira agora contando "dois", ao expirar conte "dois", mantenha essa contagem até dez, podendo reiniciar de "um a dez" ou inverter, de "dez a um".

Técnica três:

Essa é para ansiosos, ao inspirar conte "um, um, um" e ao

expirar conte "dois, dois, dois", conte até "dez" e reinicie outra vez.

Técnica quatro:

Ao inspirar conte números crescentes, até o número que
estiver quando terminar a inspiração e fazer o inverso em nu-
meral decrescente, até o término da expiração.

Técnica cinco:

Essa contagem deve ser feita de "par em par", entre inspirar e expirar, ao término da expiração e durante a inspiração
conte "um" e continua com "um" até acabar a expiração, e inicia agora com "dois", "três", etc.

Técnica de recitação mental:

Recitando o nome de Buda, essa técnica é muito usada
pela corrente de Mahayana, da escola de Terra Pura (Buda
Amitabha), para ajudar a sua concentração, repetindo uma
palavra a cada inspiração e expiração.

Se você concentrar-se na respiração das narinas, ao inspirar repita a sílaba NA e ao expirar a sílaba MU, inspirar novamente a vogal O, expirar MI, inspirar TO, expirar FO, assim
sucessivamente de novo (NA MU O MI TO FO).

Há outras frases que também podem ser utilizadas como
NAN MO CHIAU TCHAI IEN SOU IAU ZHI FO ou ainda OM MA NI
PA MI HON, entre outras.

Que local é ideal para praticar Meditação?

Um lugar que seja tranqüilo e quieto, onde possa estar só
e tenha comodidade, que não seja perturbado ou interrompido.

Silêncio é muito importante, pois há barulhos que dis-
traem muito a nossa prática e devem ser evitados.

A música e a conversa são o que mais atrapalham, pois a
nossa Mente tende a ser seduzida pela curiosidade da conversa ou pelo ritmo da música.

Existe hora certa para praticar?

Depende da disponibilidade de cada pessoa, não force demais o compromisso nem force de menos, mas isto não significa a total liberdade de fazer a Meditação na hora que quiser.

Recomendamos reservar um ou dois horários, pelo menos, durante o dia, para o treinamento. Na verdade, a fixação de horário é uma disciplina que devemos seguir, entretanto não é nem deve ser uma obrigação.

Qual a duração de cada sessão?

Vai depender da tolerância de cada pessoa, a princípio pode meditar quanto tempo quiser, mas não deve exagerar.

O início sempre é mais difícil para os iniciantes, mas com o tempo acostuma.

Usualmente propomos começar com poucos minutos e diariamente ir aumentando o tempo, de minuto a minuto, assim o costume se instala.

O que fazer com as dores que surgem pelo corpo?

Ninguém gosta de dor, mas todos sentem a dor, física ou mental.

É contraditório, mas na verdade, coragem significa enfrentar algo desagradável toda vez que surge.

Normalmente as pessoas fogem da verdade. Quando algo doloroso ou desprazeroso surge, muitas pessoas se convencem de que aquilo não existe e livram-se logo dele.

No sistema Ch'an, o Meditante em vez de negar a dor ou ocultar algo ruim, procura examinar essa dor, exaustivamente, sob diversos ângulos de vista e aprende a ser paciente consigo mesmo.

Você deve observar de uma maneira imparcial, por completo, seus anseios, desconfortos e inadequações, pois são eles que, na maioria das vezes, provocam a dor durante a Meditação.

Procure observar se o desconforto vem das roupas apertadas ou da postura, fique atento se a dor vem da contratura muscular ou da própria tensão da posição de sentar.

Se depois de observar, a dor persistir, faça da dor seu objeto de Meditação; observe a dor e examine a sensação da dor, veja onde está tensionado, qual é a área dolorida, como se espalha, observe a sua resistência a essa dor e tente mentalmente, uma por uma, que essas dores relaxem.

Na maioria da vezes as dores desaparecem, entretanto aconselhamos conversar com seu orientador de Meditação.

Por que temos a sensação de formigamento e adormecimento nas pernas?

É muito comum para quem está iniciando a prática, pois o iniciante não está acostumado com a posição e a energia ainda não está em plena circulação.

Não devemos nos preocupar com a sensação de dormência, principalmente as fantasias que aparecem, como a de perder a perna, de gangrena por isquemia (falta de circulação).

Mecanicamente sabemos que o formigamento é causado pela compressão de nervo periférico e não deve causar problemas clínicos.

Energeticamente é um processo onde não há uma harmonia de circulação de Ch'i dos meridianos de energias, portanto apenas observe e acalme-se, sobre os medos e fantasias que surgem.

Como enfrentar o torpor e a sonolência?

Um dos fatos mais comuns na Meditação é a sonolência e torpor.

Quando isso ocorre, procure dirigir a sua consciência neles, pois o torpor influi no processo de Iluminação e desenvolvimento da Consciência superior.

Procure observar se a causa não é falta de sono ou ingestão excessiva de alimentação.

Faça uma inspiração prolongada e prenda a respiração por mais tempo possível durante a Meditação quando ocorrer sonolência, e ao expirar, faça-o bem lentamente.

Repita esse processo até "acordar".

Se continuar tendo sono, então interrompa a Meditação, pois adormecer na Meditação repetidas vezes pode criar o hábito de dormir enquanto medita.

Quais as sensações que ocorrem durante a prática?

As sensações que surgem na Meditação podem ser classificadas em oito grandes grupos.

Movimentos como girar, cair.

Coceiras no rosto, corpo e membros.

Leveza como flutuar, levitar.

Peso como afundar, enrijecer e adormecer.

Frescor, aquecimento, escorrer, amolecer.

Assim, vários fenômenos aparecem combinados entre si.

Espasmo com sensação de profunda frieza interna e coceira ou leveza que dão a impressão de levitação ou encolhimento.

Não dê atenção a essas sensações, concentre-se na sua respiração e observe a sua Mente.

Você vai notar que elas desaparecem com a mesma facilidade com que aparecem.

Por que a Meditação Ch'an é melhor que a Meditação transcendental?

Não existe uma Meditação melhor que a outra nem deveria haver, pois todas as técnicas e escolas buscam a transcendência da dualidade e uma união maior do Meditante com a consciência infinita.

A Meditação transcendental tem como base o pensamento védico da escola advaísta de Sankaracharya, em torno do século VIII, numa época em que o ensinamento de Dhyana do budismo (precursor da Meditação Ch'an) dominava a Índia.

O pensamento advaísta, altamente religioso, fez reviver o hinduísmo naquela época; assim sendo, MT tem raízes que remontam ao pensamento religioso hindu para suprir a pobreza material existente naquela época. Enquanto que o Dhyana era voltado para a evolução do ser, indo ao encontro da sabedoria interior do Meditante.

A diferença é que Ch'an é patrimônio da humanidade, não tem instituição alguma por trás dela.

No caso da MT há uma instituição internacional que controla a sua divulgação e a manutenção das atividades comerciais, já que seu fundador ainda é vivo.

Para atingir o "estado meditativo" preciso estar meditando?

Estado meditativo é a conseqüência da prática constante da Meditação. O estado meditativo aparece quando há um encaixe perfeito entre a capacidade do Meditante e as solicitações do momento.

É um estado como o fluir das águas, como o desabrochar das flores, pois a vida está em toda parte, e como a água, ela permeia tudo.

A vida é tudo, mas nossos olhos perdem a profundidade e a agudeza, porque só vemos o que a Mente programada nos permite ver, isto é, só coisas conhecidas do dia-a-dia, do mundo imediato, o óbvio.

A outra face da realidade não poderá ser sentida enquanto continuarmos a usar somente nossos órgãos sensoriais (visão, audição, olfato, paladar e tato) voltados apenas para o mundo exterior.

Quando você observa o desabrochar das flores, mantendo o olhar atento e relaxado em direção a elas, sentirá a sua observação se transformando em atentividade.

Assim, você adquire a noção da consciência de que é você que está observando, é você que está em alerta e finalmente é você que está consciente.

Para praticar Meditação não posso ter vida sexual?

A união sexual (Maithuna) não é um ato obscuro e profano como foi considerado na Idade Média no Ocidente.

É uma comunhão entre um casal, como deuses, não está mais submetida à lei dos homens.

A relação sexual é a inexprimível vivência da unidade entre dois, tornados um.

É o estado de espontaneidade, da incondicionalidade absoluta.

O corpo é um templo, tudo existe no corpo, ou seja, na consciência.

Essa é a fonte mais profunda da verdade, que abre a possibilidade de se pesquisar e experimentar a si mesmo.

Lembre-se, o inferno é o sexo reprimido com suas perversões e fantasias eróticas não satisfeitas.

Para praticar Meditação preciso tirar a carne vermelha da alimentação?

Para o Meditante de Ch'an a alimentação é considerada sagrada, é como se fosse o remédio.

Pois a saúde é a fonte do viver, somente num Corpo e Mente saudáveis é que haverá harmonia e poder de inovação.

O uso de carne é relativo, pois depende do estado mental do Meditante.

Na medicina chinesa, uma discriminação mental de aversão, cólera, rancor e ódio tem origem na palavra "bile", mas que não significa apenas secreção hepática.

Está relacionada com a disfunção dos processos metabólicos digestivos, calor corporal, capacidade e acuidade visual, sangue e tez da pele, assim como também sintomas clínicos de agressividade, distúrbios de concentração e memória, e finalmente a sonolência.

Recomendamos que essas pessoas, ao praticarem Meditação, não usem de carne vermelha.

Dificuldade no fígado não combina com carne.

Praticar Meditação alivia o karma?

Não confundir karma com sentimento de culpa.

É a culpa que nos faz submissos e com necessidade de ter perdão e compreensão.

Assim, logo que aparece alguém como salvador ou juiz, nos submetemos.

Todas as religiões têm utilizado o sentimento de culpa para assustar e controlar os sentimentos do ser humano e transformá-lo num crédulo escravo.

Sabemos que o karma determina nosso destino, sem exceção; embora o karma controle nossas vidas, nós controlamos também nosso karma.

Mas nós podemos mudar o destino, apesar dos hábitos, das superstições, das emoções, do poder, dos desejos e do karma do passado.

Todos esses fatores não têm peso se não estiverem interligados com as nossas ações.

É a Meditação Ch'an que faz esse corte, essa ruptura com o passado e com o peso do karma.

Tendo uma visão correta, uma convicção intensa e mantendo uma Mente Meditativa, não estaremos sob o controle de nossos destinos, tornando-nos capazes de dominá-los livremente.

Para meditar preciso estar buscando Deus?

Sem dúvida, para meditar é necessário a busca de um entendimento mais amplo do universo.

Quem medita procura a explicação de si mesmo, estando disposto a enfrentar sua angústia, ansiedade, apego e principalmente que tenha a humildade de reconhecer sua ignorância, a fim de subjugar seu ego e possuir seu inconsciente.

Ao detectar essas condições o Meditante tem a certeza que está buscando o Deus que se esconde atrás da sua insegurança, das suas crenças, dos seus dogmas.

Esta alucinada busca terminará no momento em que o Meditante atingir a compreensão da consciência superior.

Isso acontece a partir de um desprendimento dos valores preestabelecidos, vindos de vivências deturpadas pelas exigências do seu ego, atingindo a quietude de sua mente e real percepção da realidade.

Assim, o Meditante encontrará o Deus que não lhe castiga, não lhe presenteia, não possui poderes mágicos e que não lhe cobra nada mais que sua própria consciência.

O Meditante entende agora que o Deus está nele e não fora, portando não é necessário procurá-lo, mas apenas permitir que ele se manifeste, este é o estado de Buda, "O Iluminado".

Por que algumas Meditações indicam que se concentre no terceiro olho?

A concentração na meditação Ch'an tem por objetivo unificar a Mente promovendo a unidirecionalidade, evitando assim a dispersão.

Quando o Meditante atinge o pensamento uno, encontra maior facilidade para atingir de uma maneira natural e efetiva o estágio de Mente vazia, com ampla consciência.

Este método obedece as leis da natureza de contrair e purificar-se (Yin) e expandir-se (Yang) a partir de uma base estável sem deformação, a fim de atingir a maior abrangência possível, resultando no fortalecimento da atentividade e plena percepção.

Portanto, o objeto de concentração para a Meditação Ch'an não possui valor em si mesmo, já que é apenas um artifício para atingir a mente una.

Se sua Mente está livre, não é necessário concentração no terceiro olho.

Enquanto concentro na respiração a energia circula pelos Chakras?

A concentração na respiração é apenas um artifício para atingir o estado de Mente una (sem pensamentos dispersivos) criando condições adequadas para atingir-se a Mente vazia.

Já a respiração abdominal é a técnica conhecida como propiciadora de melhor circulação de energia em todo o corpo, principalmente nos meridianos que percorrem o trajeto da cabeça, estendendo-se por toda a costa, sempre acompanhando a coluna vertebral, atingindo o períneo e subindo pela região ventral do corpo até fechar o ciclo na região da boca.

Dessa forma os Chakras são apenas pontos por onde circula este complexo sistema de circulação de Ch'i(energia).

O que a Meditação Ch'an tem a ver com KungFu?

O Mestre hindu Bodidharma absorveu toda a essência da cultura chinesa como Taoísmo e Confucionismo e fundou o Ch'an chinês.

Consta que além da introdução de Ch'anna, precursora do Ch'an e do KungFu na China, também introduziu o uso de chás e ervas medicinais.

No Pico de Shaoshi, na província de Honan, Bodidharma teria passado vários anos meditando, olhando para a parede rochosa de uma caverna próxima do templo ShaoLin no monte Sung.

Mais tarde, ShaoLin ganhou fama por treinar monges em artes marciais (KungFu), e Bodidharma foi considerado o fundador desta arte.

O que são mantras? Podem ser considerados como forma de Meditação?

Na Meditação, a utilização do mantra (fórmula sonora, repetidos ou não) está intimamente ligada ao ritual da transcendência da Mente, com o objetivo de atingir camadas mais profundas da inconsciência.

Os mantras, que representam o componente da energia em palavras, através do som, unificam a energia da natureza e da criação.

A unidade resultante gera uma vivência de harmonia e de força do poder individual.

Por essa razão, é necessário que a fonte da voz venha do "plexo solar".

A recitação tem o poder de agir na influência espiritual e entrar no campo de vibração de energia que constitui o nosso Universo, e assim direcionar o fluxo de energia.

É a força de comunhão do homem com seu macrocosmo.

Acredita-se que o mantra ajuda não apenas a afastar as energias destrutivas de todas as espécies, como também é capaz de proporcionar poderes "sobrenaturais", com a ajuda de fórmulas mágicas.

O uso do mantra significa associar e estabelecer uma identidade do Meditante com alguém Iluminado (Bodhisattva ou Buda).

Tal associação auxilia na concentração, para atingir-se o estado psíquico e a força necessários.

O som do mantra é uma seqüência de unidades sonoras com pronúncia e entonação próprias, cada padrão sonoro corresponde a um estado psíquico que pode ser ativado, produzindo assim uma manifestação emocional correspondente.

A probabilidade de um Meditante atingir um estado desejado através do recitar mantras é aumentada pelas Mandalas (imagens), pelos Mudras (gestos) ou pela própria postura meditativa do Ch'an.

Aliás, mantras e Chant (cânticos) são exercícios e treinamentos obrigatórios na meditação Ch'an (linhagem LinChi ou RinZai).

Mantras, ou recitação repetitiva, regulam a respiração e acalmam a Mente.

Seguindo-se atentamente a repetição contínua dos mantras, os pensamentos perturbadores são afastados e há melhoria da concentração.

A Mente e o Espírito tornam-se mais claros e aguçados.

De certa forma, os mantras também são capazes de contribuir para domínio do Corpo, pois nossa respiração reflete um fluxo de Ch'i (a energia), que é inseparável de nosso espírito e mente.

Assim, ao cantar corretamente os mantras, o Meditante pode controlar sua respiração e, conseqüentemente, o fluxo de energia e atividade fisiológica do corpo.

Na verdade, o som do mantra tem o poder de vibrar em

sintonia com diversos planos profundos da nossa Mente e Espírito, e de certa forma, pode despertar esse potencial para a vida.

Na associação da Meditação Ch'an, os mantras podem desempenhar um papel importante na arte curativa, desde que bem orientados pelos médicos, pois são utilizados para despertar as energias (Ch'i) nos Chakras e nos pontos de acupuntura, bem como para harmonizá-la.

Na interpretação de T. D. Susuki, repetir um mantra provoca a dispersão dos pensamentos obstruídos (repetitivos, obtusos).

"Quando digo NA MU O MI TO FO inúmeras vezes, meus pensamentos repetitivos se transformam como neve de primavera.

Aquela neve que derrete lentamente, ao tocar o chão. É isso que acontece com meus pensamentos quando digo NA MU O MI TO FO, NA MU O MI TO FO, NA MU O MI TO FO, NA MU O MI TO FO…"

Ao ler este livro, se, por algum momento,
você parou para refletir sobre sua vida, isso é o Ch'an.

TEMPLOS NO BRASIL E NO MUNDO

São Francisco - E.U.A.
American Buddhist Cultural Society
1750 Van Ness Ave., San Francisco
CA.94109
Tel.: (415)776-6538

Nova York - E.U.A.
I.B.P.S. New York
154-37 Barclay Ave. Flushing
N.Y.11355-1109
Tel.: (718) 939-9318

Vancouver - Canadá
I.B.P.S. Vancouver
#6680-8181 Cambie Road, Richmond,
B.C. V6X 1J8, Vancouver
Tel.: (604) 273-0369

Montreal - Canadá
I.B.P.S. Montreal
200 Rue De Castelnau Est,
Montreal P.Q. H2R IP5
Tel.: (514) 278-0808

São Paulo - Brasil
I.B.P.S. do Brasil
Estrada Municipal Fernando Nobre, 1461
06700-000 Cotia
Tel.: (011) 7922-2895

Rio de Janeiro - Brasil
I.B.P.S. Rio de Janeiro
Rua Itabaiana, 235
20561-050 Rio de Janeiro
Tel.: (021) 268-8976

Buenos Aires - Argentina
I.B.P.S. Argentina
Av. Cramer, 1733
1426 Capital Federal
Tel.: (1) 786-9969

Londres - Reino Unido
I.B.P.S. London
84 Margaret St.
London WIN 7HD
Tel.: (171) 636-8394

Paris - França
I.B.P.S. Paris
105 Blvd. De Stalingrad,
94400 Vitry Sur Seine
Tel.: (1) 4671-9980

Sidney - Austrália
I.B.A.A. of Sydney
2/382 Sussex St., Sydney
N.S.W.2000
Tel.: (2) 9272-6122

Esta obra foi composta em Adobe
Garamond. A impressão, sobre papel
Top print 90gr/m², foi feita pela gráfica
Palas Athena para a Plexus Editora
Ltda. em São Paulo – fevereiro de 1998.